YO INMIGRANTE

(03-03-2007)

Memorias de uno de ellos... y de otros más

Una guía para su futuro...

WELCOME TO AMERICA
1989

GOD BLESS AMERICA
2013

Francisco Urraca Fernández

A MIS **6** MUJERES......

ELENA
GLADYS ELVIRA
GLADYS HILDA
DEBORAH VIVIANA
KARINA MILAGROS
NATHALY JESUS

......Inmigrantes.

A NUESTROS **6** NIETOS......
(Nuestras Raíces)

PETER FRANK
GABRIEL JUSTIN
ANDREA MYA
ROBERT MIGUEL
CAMILA
FABIOLA ZOE

.

.

......Ciudadanos AMERICANOS.

Somos una familia de **Inmigrantes**, como los permanentes migrantes que han conformado esta gran nación, desde sus inicios como colonia. Familia de 6 miembros (padre, madre y 4 hijas), que por decisión propia, decidimos migrar a los Estados Unidos. Tras 24 años transcurridos se incrementaron 6 Ciudadanos Americanos (nuestras raíces, 6 nietos).

Como todo inmigrante pasamos por las tres etapas de adaptación. Padecimos de la *"Pesadilla Americana"*, por 16 años; nuestras hijas gozan ahora del *"Sueño Americano"*, y mi esposa y yo gozamos ahora del *"Reposo del Águila"*.

PARA AQUELLOS <u>INMIGRANTES</u>
VA DEDICADO ESTE LIBRO

YO INMIGRANTE

El inmigrante fue el cimiento, se mantiene como un pilar y siempre constituirá un soporte de la economía Americana.

En Yo Inmigrante no intentamos ser más que un medio que guíe a ése inmigrante a lograr su "sueño americano", mediante una orientación e información adecuada; cumpliendo siempre "Los Diez Mandamientos".

CONTENIDO

PRÓLOGO

Septiembre 11 - 2001 marcó un antes y un después en los Estados Unidos. Para el inmigrante significó un hito aún más marcado; los terroristas que provocaron tal desgracia eran inmigrantes. Las consecuencias que tal acción provocó en los habitantes de este país fueron graves. Sin embargo, el 9-11 se ha convertido en un símbolo de patriotismo, valentía y coraje para los EE.UU. y sus ciudadanos; muy por lo contrario a lo que quisieron provocar los terroristas y sus ideólogos que los motivaron.

A mi esposa y a mí, nos tocó perder, no uno, sino dos trabajos que conservábamos. Tratando de emular el espíritu nacional decidimos hacer algo, no solo por nuestra familia sino por toda persona que requiera algún tipo de apoyo. Nos dimos cuenta que el inmigrante se encontraba muy desorientado a la par que temeroso de su situación, más aún tras el 9-11.

A mediados del 2003 se me presentó la oportunidad de poder hacer algo por el inmigrante al recibir la propuesta de iniciar y manejar una fundación para ofrecer apoyo a la comunidad. No podría ser más oportuna la ocasión de poner en práctica nuestros deseos y expectativas. Ya con la fundación en inicio, se estableció como nuestra prioritaria misión: apoyar y orientar a ese inmigrante; al **YO** dentro de la comunidad.

Nos propusimos impulsar que el inmigrante tome conciencia de la necesidad de integrarse a los EE.UU. Para ello es prioritario comprender que es vital comprometerse con su comunidad y de prepararse para un futuro mejor y seguro. El inmigrante debe conocer sus derechos, respetando los derechos de los demás. A sí mismo, él o ella debe conocer sus deberes y cumplir las leyes y sus obligaciones. Con una perspectiva histórica y real, pasada, presente y con proyección futura, es evidente que el papel del inmigrante en los Estados Unidos es fundamental. El inmigrante se ha establecido a través del tiempo como un pilar más en el desarrollo del país.

Dos circunstancias vividas por el autor son el motivo de inspiración para intentar llegar al inmigrante en los Estados Unidos, con algo escrito, a fin de ofrecer un medio de orientación. El hecho de haber experimentado en carne propia muchas experiencias en el largo proceso de mi propia gestión para lograr la residencia, es una de ellas. La otra es el hecho de haber logrado obtener contacto en primera línea con miles de inmigrantes durante mi gestión como director de una fundación de apoyo al inmigrante.

Yo Inmigrante

Yo Inmigrante intenta llegar al interior del inmigrante a fin de ayudarle a meditar sobre sí mismo, identificarse como persona productiva, comprender su posición, aceptar su realidad, y entender que con disciplina y educación puede obtener los objetivos que lo impulsaron a migrar a los Estados Unidos de América.

Algunas historias narradas en el libro, todas verídicas y siendo incluida la mía, se narran como evidencia real a fin de sostener lo manifestado capítulo a capítulo. Los párrafos escritos en tipo Romana son expresiones, ideas y narraciones de hechos reales sucedidos al autor y de lo aprendido en el trajinar diario, además de lo leído en los diferentes medios de comunicación. Lo escrito en tipo Romana itálica son párrafos tomados de artículos periodísticos o de otras fuentes, de acceso público, referentes a casos reales acontecidos a personas y familias inmigrantes. Algunos nombres de personas y lugares han sido cambiados o no se precisan por razones de respeto a la privacidad.

Lo expresado en cada párrafo se debe tomar únicamente como datos referenciales y de orientación o información general. De ninguna manera constituyen aseveraciones que deben tomarse como valederas para optar por una decisión de repercusiones legales. Se debe consultar siempre a un abogado como asesor legal para tal fin.

INTRODUCCIÓN

LOS DIEZ MANDAMIENTOS DEL INMIGRANTE

Historia es el estudio del pasado del ser humano. La Historia de los Estados Unidos se ha forjado en base a los inmigrantes. Los Estados Unidos de América es a la vez una nueva nación y una muy vieja nación. Los primeros habitantes – cazadores asiáticos y nómadas – llegaron a Norte América, como inmigrantes, hace más de 30,000 años; miles de años después le siguieron los irlandeses.

De cualquier manera Estados Unidos se inició como nueva nación en 1776 con la Declaración de la Independencia y tras una guerra independentista contra Gran Bretaña (que terminó en 1781). Con un período de Gobernación en los iniciales 13 Estados, independientes pero con serios problemas de gobernabilidad, en 1789 asume, como Primer Presidente de los Estados Unidos de América, George Washington ("The Father of Our Country"), nacido en Virginia, descendiente de inmigrantes europeos.

La historia de los Estados Unidos es la historia de muchas y diferentes personas, de muchos y diferentes inmigrantes. Desde los primeros europeos arribados en 1492, millones de personas provenientes de diferentes países llegaron a los EE.UU. y han hecho de este país su nuevo hogar. Y seguirán llegando. Como se ve, basta con revisar su Historia para verificar que la inmigración es un aspecto importante en el desarrollo y futuro de los EE.UU. Este país se ha forjado en base a los inmigrantes provenientes de diferentes partes del mundo a través de los años.

Desgraciadamente, el sistema inmigratorio vigente se encuentra muy quebrantado. En lugar de ofrecer opciones accesibles para migrar legal y seguramente a Estados Unidos, el mismo sistema ha fomentado un movimiento de migración clandestino e incontrolable. Este movimiento ha resultado en una población de continuo crecimiento de inmigrantes sin documentos legales.

Es evidente que todo inmigrante tiene que laborar para sostenerse y mantener a su familia; en las circunstancias actuales se ve obligado a hacerlo en condiciones irregulares. Al no contar con "papeles", la necesidad lo fuerza a realizar trabajos que los propios "legales", muchas veces, no desean hacerlo. Se someten a percibir honorarios por debajo de lo que las leyes lo establecen; este dinero se mueve sin estar sujeto a impuestos, tanto de parte del que lo percibe como del que paga por el servicio prestado. Si se considera en casi 12 millones de inmigrantes "sin papeles", basta una simple operación matemática para calcular grandiosas pérdidas económicas para el estado; tales inmigrantes y sus familiares también se enferman y hacen uso de servicios que el estado mantiene con los impuestos de los que los declaran.

Hay que tomar en cuenta también la desorientación y, lo que es peor, mal orientación de los trabajadores sin documentos que los lleva a cometer errores, cuyas consecuencias no solo los afecta a ellos sino a otras personas y a los sistemas y servicios del gobierno de los cuales, muchas veces, se han servido para sus actos indebidos. El uso frecuente de documentos falsos es una medida desesperada del inmigrante motivado por la necesidad.

Se podrían seguir enumerando múltiples situaciones que acontecen con los inmigrantes. Personalmente, como director de una fundación que apoye al inmigrante, me permitió conocer muy de cerca los múltiples problemas que les acongoja. Aparte de las circunstancias mencionadas anteriormente la migración conlleva también hechos trascendentes como el serio incremento de la violencia con la formación y "exportación" del fenómeno llamado "gangs", amén de la actividad clandestina en la frontera por parte de los "coyotes" y los traficantes de toda naturaleza incluyendo drogas, mujeres y lo que es peor niños. Ante todo esto, existe pues un compromiso de conciencia que debemos de aceptar, el apoyar al inmigrante en el proceso de adaptación a los Estados Unidos; una nación de oportunidades, de leyes y de justicia.

El panorama inmigratorio de los Estados Unidos es muy complejo, a la vez, obsoleto. Las leyes con sus respectivas disposiciones que lo rigen requieren un cambio severo, no un "maquillaje". Con la mala experiencia de la reforma inmigratoria de 1986, la firme decisión de cambio debe orientarse a una mejora del sistema y esto debe incluir la reunificación de las familias inmigrantes separadas por las disposiciones inmigratorias actuales y las que se pretenden instaurar desde la Casa Blanca y el Congreso Americano.

Una restauración efectiva de la ley de inmigración se hace de imperiosa necesidad, por el respeto de los derechos de los trabajadores ciudadanos y residentes, por el refuerzo a la seguridad interna y de las fronteras de los Estados Unidos.

Como un inmigrante más he experimentado muchas vivencias buenas y malas dentro del sistema americano. Durante el período que dirigí la fundación he mantenido un contacto muy estrecho con muchos inmigrantes, en su gran mayoría latinos. La experiencia adquirida como Paralegal en casos de Inmigración me ha permitido obtener de primera mano una información variada. Del intento de lograr un máximo apoyo y orientación a ese inmigrante desinformado o mal orientado es que surge una idea que una vez procesada se expresa en las diez premisas que siguen:

LOS 10 MANDAMIENTOS DEL INMIGRANTE

(….cualquiera sea su estatus….)

(I) AMA A DIOS SOBRE TODAS LAS COSAS; Y A TU PRÓJIMO COMO A TI MISMO.

(II) QUIERE A ESTE PAÍS, COMO SI FUERA EL TUYO.

(III) RESPETA LAS LEYES DE ESTE PAÍS, A PESAR DE QUE NO SEAN LAS MISMAS QUE LAS DEL TUYO.

(IV) CONSIDERA QUE ESTE PAÍS TE OFRECE DERECHOS QUE, QUIZÁS, NI EN EL TUYO LOS TENGAS.

(V) TEN EN CUENTA QUE EN ESTE PAÍS, MUCHOS DE LOS DEBERES TUYOS CONSTITUYEN DERECHOS DE LOS DEMÁS; Y VICEVERSA, MUCHOS DERECHOS TUYOS SON DEBERES DE LOS DEMÁS.

(VI) EN ESTE PAÍS LA MENTIRA, POR MÍNIMA QUE SEA, ES UN DELITO MUY GRAVE Y PENALIZADO; AUNQUE EN EL PAÍS TUYO SEA PARTE DE LA RUTINA DIARIA.

(VII) AQUÍ SE PONE EN PRACTICA LA HONRADEZ Y LA HONESTIDAD NO SOLO COMO VIRTUD O CUALIDAD, SINO COMO UN DEBER. AUNQUE, POSIBLEMENTE, EN TU PAÍS TALES PALABRAS NO EXISTAN NI EN EL LÉXICO DE ALGUNOS DIRIGENTES.

(VIII) EL DERECHO UNIVERSAL A LA LIBERTAD QUE TE OFRECE ESTE PAÍS, NO TE PERMITE EL LIBERTINAJE.

(IX) "BUEN CARACTER MORAL" ES UNA EXPRESIÓN QUE DEFINE LA CONDUCTA QUE TODA PERSONA QUE HABITA EN ESTE PAÍS DEBE CONSERVAR. CÚMPLELA.

(X) AQUÍ EL RESPETO A TU PRÓJIMO ES TAN IMPORTANTE COMO EL RESPETO QUE DEBES TENER A LOS ANIMALES Y A LA NATURALEZA.

Con éstas diez párrafos trato de sintetizar lo que como producto de mi propia experiencia he podido inscribir en mi **"disco duro"**. Trataré de exponer cada mandamiento, por capítulos, con un criterio meramente informativo. Tomo como referencias hechos reales acontecidos en el período entre 1989 y 2013. Se considera mi propia historia; mi experiencia y la vivida por otros inmigrantes, que puede ser la historia de millones de ellos......cualquiera sea su estatus.

1

YO INMIGRANTE

==

WELCOME TO AMERICA

Mayo de 1989, era casi medianoche de fines del mes, me encontraba sentado en la arena frente al mar en Miami Beach. A dos calles del hotel que me servía de hospedaje por un tiempo indeterminado; me preguntaba: ¿Que hago yo aquí? Había tomado la decisión de emigrar en busca del "sueño americano", no necesariamente para mí, sino para nuestras cuatro hijas. Como cabeza de familia me sentía responsable por lograr que "nuestros tesoros" alcancen sus metas que mi esposa y yo les habíamos inculcado desde su infancia. Nuestro querido país era un caos, debido a sus gobernantes y, sobretodo, al narco-terrorismo, un gran problema que los sucesivos gobiernos no encontraban la forma de controlar y lo que es peor aún, muchas veces se mostraban como cómplices de tales actividades. La inseguridad ciudadana y las posibilidades de un futuro incierto que se avizoraba nos hizo tomar tal decisión.

Yo, Inmigrante; estas dos palabras giraban en mi mente mientras divisaba el horizonte orientado hacia mi lejano hogar y se constituyeron en la respuesta a mis meditaciones. Aceptar la realidad a la que me había propuesto enfrentar, constituía mi prioridad. Comprendí que, como todo inmigrante tenía que adoptar nuevas costumbres, nueva cultura, nuevo idioma y sobretodo nuevas leyes y regulaciones a las que debía someterme y obedecer. Comprendí que debía de "extraer de mi memoria el diskette - que en ese entonces se usaba para guardar datos en la memoria de la computadora personal- y colocarme uno nuevo a fin de ingresar nuevos datos para poder enfrentar el reto…". El Yo personal debería procesar un gran caudal de nueva información si pretendía hacer notar, en forma positiva, mi presencia como nuevo inmigrante en la nación más poderosa del mundo en la que impera la ley para todos, al mismo nivel.

Yo Inmigrante expresa una idea de identidad personal, de presencia innegable en la comunidad, como inmigrante, con una mentalidad nueva. Todo inmigrante tiene que identificarse, primero, a sí mismo y luego como integrante de la comunidad que lo adopta; por lo tanto debe comprometerse con ella. Lograr tal identidad no es fácil, se requiere apoyo, orientación, información y, sobretodo, decisión.

Mi Historia

Desde 9 meses antes de nacer, mi vida fue marcada por seis mujeres. Elena fue la primera en deleitarse con mi presencia, sentirme, contar mis palpitaciones; en saber esperar con paciencia mi llegada. Ella explotó sus últimas fuerzas para traerme y fue la primera en expresar hacia mí dolor y alegría a la vez: la primera en sufrir por mí. Una expresión humana que sólo se manifiesta cuando hay amor verdadero, amor eterno (como dice la canción).

Elena tenía un corazón tan inmenso, pero no por haber contraído algún padecimiento cardiaco, sino por embargar tanto amor no sólo hacia mí sino, también, hacia mis cinco "rivales". Si, ella se daba abasto para atender a cinco seres humanos más, con la misma intensidad con que se dedicaba a cuidar de mí. No hacía diferencias ni tenía predilecciones con ninguno a pesar de que teníamos diferentes edades.

Postrada en una silla de ruedas por más de 6 años exhalaba tal fortaleza que parecía estar montada en una máquina productora de energía. Una fuerza que ella asimilaba a la perfección e intentaba transmitirla a los seres que amaba. Fortaleza que le permitió enfrentar los embates de la dura vida que le tocó padecer al lado de su esposo. Al abandonar la silla de ruedas pudo dejar su terruño, y viajar a la capital, con sus "cachorros". Supo enfrentar la vida aún con una marcha "en estepaje", con mucha dificultad pero con demasiada entereza.

Fueron años muy difíciles para mí el inicio de la vida con Elena. La hice sufrir mucho atacado con mis crisis de asma (casi semanal). Ella se desvelaba atendiéndome, aún maniatada a su silla de ruedas. Con la afección mía y de muchas enfermedades de sus otros "amores", Elena se convertía en 'doctora' para suturar nuestras heridas o curar nuestras afliciones. No existían los medios necesarios para acudir a algún centro de salud.

Con la anuencia (y exigencia) de mi padre, por mis crisis de asma continuas y desatendidas médicamente, no pisé una escuela sino hasta los **6** años de edad. Debido al déficit económico y con un precario estado de salud y nutrición, atender a clases constituía un privilegio. Por propia iniciativa me sentaba en el umbral de la puerta de un zapatero que enseñaba a leer a los muchachitos del barrio. Cada vez que mi padre me encontraba en mi "escuelita" me sacaba de ella aduciendo que yo no tenía buen estado de salud ni fuerzas para ir a la escuela todavía. Con la complicidad de mi madre pude conseguir mis primeros cuadernos y libros para poder asistir a clases, a escondidas de mi padre.

Se sucedieron muchas crisis de asma graves que gracias a tía Maruja, hermana de mi madre y enfermera del hospital de la provincia, pudieron controlarse. Muchas fueron las visitas al hospital y determinaron que iniciara mis estudios primarios muy tarde. Ya en la gran capital, milagrosamente, se alejaron las crisis de asma pero marcaron mi contextura física. Teniendo 15 años con el inicio de mis estudios secundarios, aparentaba tener 10 años de edad. Era el más bajito y delgado del salón, pero mí empeño en los estudios y el resultado académico permitieron levantar mi ego. Tanto en primaria como en secundaria fui siempre el primer alumno y por lo tanto era el "brigadier" del salón. Con ello pude sobrellevar las continuas burlas de mis compañeros de clases. Debo acotar que gran parte del motivo de burla era mi tartamudez, me decían "ametralladora".

Circunstancias ocurridas, como las narradas anteriormente tuvieron una gran influencia en las decisiones tomadas sobre mi futuro. Pero lo que más influenció en mí para ser médico fue la enfermedad de Elena (y mi tartamudez). Aspiraba llegar a saber la causa y la cura pues en ese tiempo no obtenía respuesta a estas interrogantes. Ni la hubo nunca. Mi tartamudez la pude manejar con autocontrol, por el segundo año de estudios médicos. Aunque ahora se manifiesta cuando intento comunicarme en inglés.

Llegué a la Universidad, después de mucho pensar y estudiar; ingresé en el primer intento. Durante la infancia, mi vocación se encontraba en una encrucijada entre la medicina y el sacerdocio. Durante la juventud la decisión fue tomada, opté por la medicina. Temprano, al inicio de la carrera médica, me di cuenta que ni la Neurología me podría explicar las dudas que tenía respecto a la enfermedad de Elena (y mi tartamudez). Quedé en la duda, pero me decidí por la Pediatría influenciado quizás por mi infancia vivida y por la realidad que estaba viendo durante mis estudios. Existían niños (y seguirán existiendo) en peores condiciones por las que yo pasé. Habría que intentar hacer algo por ellos.

El número **6** seguía marcando mi vida pues justo al **sexto** mes de haber iniciado los estudios universitarios, circunstancialmente, conocí a la segunda mujer en mi vida: Gladys. Desde un **6**-09-19**6**7 me acompaña. Los claustros universitarios no sólo me abrieron las puertas al conocimiento del mundo de la Medicina. Dejé de lado la idea del sacerdocio, el celibato no iba conmigo. Conocí el amor y el inicio de una vida plena de felicidad de la que adolecí durante mi niñez y adolescencia. Nuevamente un **6** marca mi vida, después de seis años de enamorados nos casamos un febrero de 1973.

Iniciar una vida de casados siendo estudiantes de Medicina no es nada fácil. Para mí en particular, con el inicio en el sendero de enamoramiento, conllevaba el afán de contar con la economía necesaria para ciertos gustitos. La situación, ordinariamente, se veía complicada con la llegada de herederos de nuestra felicidad. De no contar con una mujer como Gladys, plena de energía, capacidad, voluntad, entereza, decisión e iniciativa; y sobretodo con mucho amor, hubiésemos caído en la desesperación. Sin embargo, nada hubiera sido posible de no contar con el apoyo incondicional de una gran mujer, Hilda Rosa, madre de Gladys, que como un ángel guardián (acompañado de Miguel Justo, el padre de Gladys), siempre estuvieron y estarán con nosotros mostrándonos su amor y apoyo.

Aunque Hilda pudo gozar de las nietas, Miguel no, pues Dios lo llamó demasiado temprano; podría afirmar que ambos contribuyeron a fomentar los principios morales y de conducta en nuestras hijas; como legado siempre se les transmitía la presencia de Miguel desde el infinito.

Con mucho trabajo y no sin ciertas dificultades logramos superar los obstáculos o inconvenientes que se nos presentaron. El realizar cualquier actividad a fin de conseguir el sustento para la familia no era una imposibilidad para nosotros. Como estudiantes de medicina no existía opción de un trabajo fijo; el horario y exigencias académicas no lo permitían. Vendíamos fotos, tarjetas de navidad y de presentación, sellos y copias fotostáticas de las clases. Nuestros principales clientes eran los mismos compañeros de estudios. Yo hacía taxis en las noches con mi Ford Mercury Comet de 1961.

Tuvimos a nuestros mayores tesoros en las diferentes etapas del desarrollo profesional. Mi tercera mujer, Gladys (como la madre), llegó en la etapa de estudiantes de Medicina. La cuarta, Deborah, en la etapa del Internado Médico. La quinta, Karina, en la de Residentado Médico. Y, por último mi sexta mujer Nathaly, nos llegó ya ejerciendo nuestras especialidades y como corolario a nuestra felicidad completa.

Con la bendición de Dios no se pasó ninguna limitación económica. Llegamos al fin de la carrera médica con un negocio propio de atenciones sociales que nos producía un ingreso digno. Tuvimos que venderlo para dedicarnos exclusivamente a la Medicina. Ya como especialistas instalamos una Cuna-Jardín que nos permitía contar con un ingreso económico mucho mejor. Contábamos con 12 empleados para su funcionamiento. Como a muchos empresarios de la época, las erradas disposiciones populistas del gobierno de turno nos afectaron. Un aumento de hasta 200% en salarios y sueldos para docentes con la congelación de los cobros por pensiones escolares nos obligó a cerrar la institución. Dejamos a 12 familias sin sustento, sin proponérnoslo.

La década de caos que vivió nuestro país (desde 1980 al 1990), con una terrible inflación, empobreció y afectó más a la clase proletaria que a cualquier otra. Se hizo común el trueque de mercancías ya que los billetes que se tenían en la mañana perdían su valor adquisitivo en la tarde.

Con una muy grave crisis económica nacional producto de una mega inflación, todo peruano era millonario. Un pan costaba miles de soles. Uno iba a comprar pan con el dinero en una bolsa y regresaba con los panes en la mano. Los que contábamos con un billete de 5 millones de Intis (moneda de ése entonces, más o menos 3 dólares) podíamos comprar una docena de panes.

Tras 15 años de ejercicio de la medicina, el panorama que se avizoraba en nuestro país no ofrecía un futuro promisor para nuestras hijas. Habiendo llegado al tope de nuestras aspiraciones económicas y profesionales, Gladys como Cirujano General y yo como Pediatra deseábamos ampliar nuestros horizontes y cumplir nuestras metas con las hijas.

La decisión de poder convertirnos en futuros emigrantes hacia los Estados Unidos fue tomada. No podía esperar. Desde el nacimiento de nuestra primera hija ya habíamos contemplado la posibilidad de enviarlas a alguna Universidad de los Estados Unidos. En nuestro país, todas estudiaron en un colegio privado con el inglés como curso obligatorio.

Un 4 de Julio de 1988, nos permitimos tomar unas vacaciones en familia. Viajamos con destino a Orlando, Florida. Las celebraciones por el día de la Independencia Americana que apreciamos ese día nos hizo ver lo grandioso de esta nación. Pasamos unos días maravillosos y pudimos comprobar lo que significa "el sueño americano". Aquí se tomó, en realidad, la decisión de emigrar.

Previa averiguación de condiciones, la primera semana de Enero de 1989 regresé a Miami, Florida. Para fines de Marzo contaba con la posibilidad de gestionar un Contrato de Trabajo. Muy feliz regresé a mi país. Para inicios de Mayo de 1989, me encontraba de nuevo en Miami, tocando una de las puertas de entrada a los Estados Unidos de América. Dispuesto a enfrentar un nuevo reto.

2

LA LIBERTAD ILUMINANDO EL MUNDO

=====================================

ESTATUA DE LA LIBERTAD

La **Estatua de la Libertad**, "Liberty Enlightening the World", implantada en Ellis Island que es territorio de New Jersey, representa y es reconocida como un símbolo de Nueva York; un ejemplo de identidad Americana pues es considerada un símbolo Americano, y no solo eso, es un símbolo mundial. En 1886 fue obsequiada a los Estados Unidos por los franceses para conmemorar el centenario de la Declaración de Independencia de los Estados Unidos y como una muestra de la amistad franco-estadounidense. La estatua es obra del escultor francés Fréderic Auguste Bartholdi y su diseño estructural en cobre pertenece al también francés el ingeniero Gustave Eiffel, el mismo de la Torre Eiffel.

La obra encargada a Bartholdi en 1870, debió ser entregada en 1876, fecha del Centenario de la Independencia de los Estados Unidos. En 1871 Francia pierde una guerra con Prusia cediendo territorios, a consecuencia de ello, al imperio Alemán; la opinión pública y el gobierno francés estaban decepcionados por la simpatía que demostró los Estados Unidos hacia Prusia durante el conflicto, pues los americanos contaban con un número muy importante e influyente de inmigrantes alemanes en suelo estadounidense. Sin embargo la idea de obsequiar la estatua siguió en pie debido a que, a raíz de la guerra franco-prusiana, renacieron en Francia las intenciones de volver a la monarquía. La idea de representar la libertad en una república democrática hermana para Francia, desempeñó un papel trascendental en la lucha por el mantenimiento de la República Francesa.

Bartholdi al recibir la orden de continuar con su trabajo, dijo:

"........lucharé por la libertad,
lo pediré a los pueblos libres.
Trataré de glorificar la República allí, hasta que
la reencuentre un día entre nosotros...."

Por fin el 28 de Octubre de 1886 se inauguró la Estatua de la Libertad. En 1903 se colocó en la base del monumento una placa de bronce grabada con una parte del soneto de la poetisa estadounidense Emma Lazarus titulado "The New Colossus":

"........y su nombre Madre de los Desterrados.
Desde el faro de su mano brilla
la bienvenida para todo el mundo;
sus templados ojos dominan las ciudades gemelas
que enmarcan el puerto de aéreos puentes.
! Guardaos, tierras antiguas,
vuestra pompa legendaria !, grita ella.

! Dadme a vuestros rendidos, a vuestros pobres
vuestras masas hacinadas
anhelando respirar en libertad !
El desamparado desecho de vuestras rebosantes playas.
Enviadme a estos, los desamparados
sacudidos por las tempestades, a mí.
*! Yo elevo mi faro detrás de la **puerta dorada** !*

Como se puede deducir, tanto el deseo expresado por Bartholdi al crearla, como lo predestinado en su poema por Emma Lazarus, se hizo realidad en la Estatua de la Libertad lo que representa hoy en día, un imán para los inmigrantes que acuden al llamado de la grandiosidad de los Estados Unidos en búsqueda de un futuro mejor.

La Estatua de la Libertad con los años no solo se convirtió en un ícono de libertad para los estadounidenses, sino para todo el mundo. Era y es el "faro" que guía y atrae al inmigrante de cualquier parte del mundo. Es un punto de referencia que no solo identifica a los Estados Unidos sino que constituye una representación de la libertad, la democracia y la justicia para todo el mundo.

Desde su inauguración en 1886, la Estatua de la Libertad fue la primera visión que tenían los inmigrantes europeos al llegar a Nueva York tras su travesía por el océano Atlántico; y, en la época actual, constituye también la primera vista de todo inmigrante que llega a la isla de Manhattan, por cualquier vía que usen, marítima, terrestre o aérea.

De 1861 a 1865 Estados Unidos se vio comprometido en una guerra civil; para 1870 el país pasaba por una etapa de reconstrucción. El sentimiento patriótico y de identidad y unión nacional se desarrollaba en su máxima expresión; sin embargo, la economía requería de mucha mano de obra para satisfacer el crecimiento centrífugo desde la **"puerta dorada"** (Nueva York) hacia el inmenso territorio estadounidense. Era una fuerza expansiva que necesitaba controlarse con mano de obra necesariamente disponible y adecuada. Se tuvo que abrir la "puerta dorada" para permitir el ingreso de millones de inmigrantes de todo el mundo.

Actualmente, a casi 150 años de concluir la guerra civil y de haberse imaginado y puesto en su pedestal la estatua de la libertad, se estima que el 90 % de la población Americana de hoy es descendiente de inmigrantes; más de 100 millones de Americanos son descendientes de aquellos primeros inmigrantes que ingresaron por esa "puerta dorada" de Nueva York. Con el devenir del tiempo se abrieron otras "puertas doradas" en el sur del país, lo que incrementó las estadísticas de población.

No se puede entender la historia de la migración humana, ni la historia misma de los Estados Unidos sin conocer la historia y pisar la tierra en Ellis Island, que nos permite apreciar la magnificencia de la Estatua de la Libertad.

Puertas Doradas a la Inmigración

La inmigración en los Estados Unidos constituye un fenómeno demográfico demasiado complejo; aparte de producir un simple incremento en el número poblacional, constituye una fuente de permanente aporte al bienestar económico y al intercambio cultural de la sociedad Americana.

Los mismos sueños de libertad y oportunidad que motivaron a los primeros irlandeses colonos inmigrantes a cruzar el atlántico hacia la "puerta dorada" de Nueva York, motivó siempre a los inmigrantes de todas las épocas y de todos las procedencias. Y seguirá motivando a los futuros inmigrantes a tentar sentar sus raíces en los Estados Unidos de América.

Antes de 1890 el 82% de los inmigrantes procedían de Europa. Por los 1900s, el 64% de inmigrantes llegaban de África y Europa. Por los 1920s se agregaron los asiáticos. Desde los 1960s hindúes y los latinos.

La migración humana hacia los Estados Unidos se manifiesta como oleadas continuas con picos notorios en etapas de cambios socio-políticos no solo acontecidos dentro de los Estados Unidos sino en todo el mundo. La historia de Estados Unidos, reiteramos, ligada a la de los inmigrantes, nos pone en la perspectiva de considerar, al tomar datos estadísticos de la Oficina del Censo de los Estados Unidos de América, que existen tres "**puertas doradas**":

1. Nor-Este (Nueva York, New Jersey), que sirviendo de puerta de entrada a los primeros colonizadores europeos y con un mayor auge de migración a partir de 1870, se origina una fuerza centrífuga de emigrantes hacia el vasto territorio Americano, encaminados al oeste y al sur.

2. Sur-Este (Florida), se convierte en un polo de atracción por los años 60s, tras el logro de los derechos civiles para toda persona por igual en los Estados Unidos, sin importar raza, color o credo y cambios políticos en el área caribeña (sobre todo Cuba). Se abre la puerta para América Latina (principalmente América del Sur) y el Caribe (sobre todo Cuba).

3. Sur-Oeste (California y Texas principalmente), es una puerta de entrada para migrantes provenientes, principalmente, de México y la América Central, acentuada desde los 1980s. Aunque siempre estuvo accesible desde el inicio de la república americana, la gente entraba y salía sin complicaciones. A mediados de la década del 80, al intentar regularse con normas inmigratorias más estrictas se produjo una **"avalancha inmigratoria"**, sin un adecuado control, hasta ahora.

Todo este movimiento migratorio hacia los Estados Unidos y las actuales leyes inmigratorias muy restringidas y desactualizadas ha ocasionado que casi 12 millones de inmigrantes se encuentren en condición de "ilegales" y representen casi la tercera parte del total de inmigrantes nacidos en el extranjero que viven en USA (ciudadanos Americanos naturalizados, residentes -temporales y permanentes- e inmigrantes indocumentados).

Para el año 2009, del total de inmigrantes que se convirtieron en Residentes Permanentes el 62% lo lograron a través de la reunificación familiar, el 13% por calificaciones laborales y el 17% por razones humanitarias.

Las necesidades permanentes del **mercado laboral** (mano de obra), en una economía de constante crecimiento como la estadounidense, requiere de personas tanto muy calificadas como de baja calificación. Sin embargo si la oferta de mano de obra calificada es escasa y se intenta suplir con las visas temporales de trabajo cuyos poseedores anhelan alcanzar la Residencia Permanente y luego la Ciudadanía; la gran oferta de mano de obra de baja calificación es aún más escasa y se empeora por el hecho que al ciudadano Americano o al residente legal no les interesa ocupar esos puestos. La inmigración ilegal aumenta para satisfacer la demanda de baja calificación.

No se requiere más deducciones para comprender la importancia de la migración hacia los Estados Unidos. Todo está escrito, evidenciado en la historia y en los censos con sus estadísticas; expresado en el crecimiento alcanzado por esta gran nación.

> ¿Se podría mantener el crecimiento "extirpando" casi 12 millones de inmigrantes indocumentados que son parte de una "economía subterránea"?

> ¿Más aún que ahora Estados Unidos atraviesa por un intento de mejorar una de las crisis económicas más difíciles que le ha tocado vivir?

Al 18 de Octubre del 2006 los Estados Unidos de América alcanzó la cifra de 300 millones de **habitantes** y es casi seguro que el ciudadano americano número 300'000,001 sea un neonato de padres latinos, quizás indocumentados. Un descendiente de inmigrante más que se une a la fuerza económica que representan los inmigrantes latinos en los Estados Unidos; un número más que incrementa el porcentaje de latinos que representan por hoy la primera minoría y se estima llegará al 25% de la población americana en menos de 30 años... ¿Será este nuevo ciudadano un hijo de padres indocumentados? y... si así fuese, ¿tendría que ser deportado junto con sus padres a pesar de haber logrado, por simple estadística, tal honor : ser el Ciudadano Americano 300,000,001?

Ha pasado casi una década y la situación sigue siendo incierta para ése Nuevo Ciudadano Americano, como la de miles más en las mismas condiciones: con el estigma de ser hijo de padres indocumentados.

En la época de la conquista, los primeros ciudadanos fueron descendientes de "ilegales", pero Ciudadanos Americanos al fin. Actualmente existe un grupo de niños nacidos aquí, son ciudadanos americanos de padres indocumentados. Otro gran grupo lo conforman aquellos que fueron niños cuando fueron traídos (por lo tanto no tenían opción a decidir).

Ambos grupos, bajo las leyes inmigratorias actuales no tienen derecho al "sueño americano".

Hoy muchos de aquellos niños son adultos preparados, la gran mayoría de ellos profesionales, con mucho esfuerzo y sacrificio familiar, pero que no tienen ninguna alternativa por ser "indocumentados" cómo sus padres. Las actuales leyes inmigratorias, como se encuentran establecidas, no los protege; como lo establece la Constitución y el derecho universal; ni como lo representa la estatua de la libertad.

Control de la Inmigración

Tras Septiembre 11 del 2001, USA ha instituido una política migratoria muy estricta a fin de hacer cumplir sus leyes al respecto, por todo inmigrante que ya se encuentre en la nación o por aquellos que tengan intención de migrar a los Estados Unidos. La primera medida tomada fue re-estructurar su Servicio de Inmigración (INS) reemplazándolo por el Departamento de Seguridad (**DHS**: **Department of Homeland Security**), dividido a su vez en 3 dependencias:

✓ **USCIS**: Bureau of Citizenship and Immigration Services, adjudicar solicitudes de diversos beneficios migratorios.
✓ **USICE**: Bureau of Immigration and Customs Enforcement, investigar y perseguir violaciones de las normas migratorias cometidas por extranjeros que ya se encuentran o han sido admitidos al país.
✓ **USCBP**: Bureau of Customs and Border Protection, vigila y protege las fronteras del país.

Se intenta así establecer un mayor control y restricción a la inmigración tanto ilegal como legal, pero ¿qué hacer con los 12 millones de personas que ya se encuentran aquí, generando una "**economía subterránea**"?

3

(I) AMA A DIOS SOBRE TODAS LAS COSAS; Y A TU PRÓJIMO COMO A TI MISMO

====================================

"Donde reine el amor, sobran las leyes."   -Platón-

"El tiempo es muy lento para los que esperan, muy rápido para los que temen, muy largo para los que sufren, muy corto para los que gozan; pero para quienes aman, el tiempo es eternidad."   -William Shakespeare-

"El amor todo lo vence."   -Virgilio-

"Donde hay amor hay vida."   -Mahatma Gandhi-

"Vivimos en el mundo cuando amamos. Solo una vida vivida para los demás merece la pena ser vivida."
                    -Albert Einstein-

"Cuando el poder del amor supere el amor al poder, el mundo conocerá la paz."   -Jimi Hendrix-

EL AMOR

El primer mandamiento de nuestra creencia establece el AMOR como premisa. Aún para el incrédulo y para el que sostiene no basarse en ningún mandamiento, el amor constituye el motor de nuestras vidas.

El **AMOR** es la máxima expresión del ser humano. Sin importar las creencias, raza, color de piel, idioma, cultura y conocimientos, todos los seres humanos lo experimentamos. El amor es el lenguaje universal que se expresa en una sonrisa, en una mirada, en una caricia, en un abrazo.

El amor nace de la nada, como la vida misma, se encuba entre dos personas, crece de la esperanza y muere por la traición.

Se ha escrito mucho sobre el amor, se ha filosofado mucho más. Por el amor se ha sufrido demasiado, pero por él se supera todo.

Por el amor a la familia el ser humano es capaz de todo sacrificio. El emigrar es una opción tomada, como parte de ello.

Para el inmigrante que se encuentra en un país ajeno al suyo, el sufrir y desesperarse por su situación lo invita a filosofar. Como resultado de ello, muchas veces se toman decisiones que en complicidad con el amor, como sentimiento humano innato, tienden a ser las más acertadas.

Ése inmigrante, si comprendió que debe intentar borrar de su memoria todo lo malo que trae de su país; si acepta el hecho de **"instalarse" un nuevo CD** con amplia capacidad para "escribir" lo que debe aprender y lo que debe asimilar; lo que tiene que respetar, lo que tiene que obedecer, lo que tiene que discernir, y, sobre todo, no dejar de lado ese sentimiento de amor a Dios, asimismo, a los suyos y hacia los demás. Entonces estará cumpliendo con éste primer mandamiento.

El inmigrante debe dar gracias a Dios por haberle permitido esclarecer sus dudas y aceptarlo como guía en el sinuoso camino que ha tomado. Esto es una expresión de amor a Dios. Solo el hecho de pensarlo es amarse a sí mismo. Aceptar el intento de adaptarse al nuevo país, cumpliendo sus leyes en busca de un mejor futuro para su familia y viviendo en respetuosa convivencia con los demás, es amar a los demás.

El amor no tiene fronteras, no tiene límites, carece de medidas; ni el tiempo cuenta. Se engendra con amor, se vive con él desde el útero materno; se comparte con los seres que nos rodean; se ofrece y recibe al encuentro con el ser amado que elegimos para encaminarnos en la vida. Se manifiesta de muchas maneras, es más sincero cuando se expresa con los hechos, más que con las palabras.

El amor se expresa cuando se sabe perdonar, cuando se es grato con lo que se tiene, cuando agrada lo que uno hace, cuando se enorgullece por lo que se ha logrado, cuando se arrepiente de los errores, cuando se satisface por lo que se ha superado.

Leyendo el diario de la mañana encontré la historia de Pablo de 24 años de edad, un ejemplo de lo complejo en que se transforma la vida de un inmigrante en el proceso de adaptación a la realidad americana. Con el transcurso del tiempo el inmigrante que logra adaptarse al país que lo acoge se convierte en un miembro más del sistema.

El inmigrante adaptado experimenta un sentimiento de respeto, más que de temor; de seguridad, más que de intranquilidad; de esperanza, más que de desasosiego; de AMOR, más que de rencor.

LO REAL *

* Tomado del Miami Herald (14/09/2013)

Iniciando su odisea con el sistema migratorio de los EE.UU. en 1990 Pablo, apenas de 2 años de edad y su hermano Félix de 3 años, son traídos por sus padres a Nueva York, dejando su país natal. El padre aplica a la ley *de asilo político que fue denegado, originando una orden de deportación familiar. No se acata la orden y la familia migra a La Florida, Miami.*

Al llegarles la orden de deportación Pablo y Félix no sabían nada de su país natal y hablaban muy poco español. Se sentían y se expresaban más como americanos. Desde entonces adquieren un karma como indocumentados.

*Al graduarse en el 2007 como un alumno brillante en secundaria, Pablo es detenido por inmigración y casi lo deportan, si no fuera por sus condiscípulos quienes lanzaron una campaña en los medios sociales de internet para mantenerlo en el país. La iniciativa tuvo sus frutos al lograrse que en el Congreso pasase un **"proyecto privado de ley"** que permitía a Pablo y Félix permanecer en el país hasta el año 2009. Pero no a los padres, quienes abordaron un avión con destino a su país de origen.*

La vida se les tornó muy dura a los adolescentes, sin sus padres. No tener sus abrazos, sus caricias, fue lo más cruel que les acontecía. Tuvieron que trabajar en lo que se presentase ya que al no contar con documentos legales se les dificultaba mucho conseguir empleo. Tenían que reunir dinero para pagar la renta, los servicios, los alimentos, vestido, transporte y para Pablo pagarse su matrícula en el programa de Honores en el Miami Dade College.

*Sin embargo, si alguna vez el proyecto "**Dream Act**" tuvo un rostro público, ése era el de Pablo. Al tener el beneficio de la legislación privada que lo protegían a él y a su hermano de la deportación, Pablo sabía que podía enfrentar a los políticos y hablar sobre la importancia de la legislación del "Dream Act" sin exponer la continuación de su educación.*

Por el 2008, llegaron muy buenas noticias para Pablo desde Washington: la Universidad Georgetown le ofrecía una beca que cubría casi todos sus estudios y gastos de vida.

Gracias a su empeño en continuar progresando en sus estudios manteniendo altas calificaciones y el ejemplo que daba por su entrega como activista social, Pablo se vio nuevamente gratificado cuando la Universidad Georgetown aumentó su beca a una completa cobertura incluyendo un estipendio adicional para vivir. Tras asumir Barack Obama en enero del 2009 y transcurrido un tiempo corto de ello el Congreso Americano amplió por segunda vez el "proyecto privado de ley" que lo amparaba, hasta el 2011. Sin embargo Pablo, a pesar de todo, sentía el estrés de la deportación de sus padres.

Antes de su último año de estudios, Pablo ganó un competitivo internado en JPMorgan Chase en Nueva York. Recibió un buen estipendio, con lo que pudo ayudar económicamente a sus padres a la distancia y a su hermano. Pablo se graduó con honores y se fue a residir a Nueva York, siendo contratado por la compañía donde realizó su internado.

El 2012, al reasumir Barack Obama usando sus propios poderes y en cumplimiento de su promesa de campaña ordenó la creación de un programa conocido como **Deferred Action** for Childhood Arrivals (**DACA**). No era la reforma que Pablo esperaba, pero le permitiría continuar viviendo y trabajando en los Estados Unidos por otros dos años. Pablo presentó su solicitud de DACA.

Pasaron los meses sin respuesta de DACA; el permiso de trabajo vigente expiró, fue puesto en licencia sin sueldo por JPMorgan. Cuando un reclutador de una firma *brasileña de inversiones lo llamó, Pablo escuchó la oferta y la aceptó. Lo que gana en Brasil es similar a lo que ganaba en Nueva York. Estados Unidos para él es su hogar y extraña mucho, pero no puede regresar porque, al igual que sus padres, está impedido de hacerlo por 10 años, al habérsele caducado su visa legal. No obstante, Pablo no se arrepiente de su decisión. Lo mejor que le ha pasado últimamente es haber sido visitado por sus padres en Sao Paulo. Fue la primera vez que pudo verlos desde el 2007, recuperando tiempo perdido.*

"PESADILLA AMERICANA"

Ante la situación, Pablo tomó la decisión de "**auto deportarse**" antes de quedarse como un "ilegal" más; para él, como para muchos inmigrantes, el "**sueño americano**" llegó a su fin. Compartió con su familia la "**pesadilla americana**", que, por años, millones de familias aún padecen en los Estados Unidos.

Tal es el resultado de una pésima política inmigratoria que los políticos no se deciden a resolver. Existe una colosal fuga de talentos que se van de los Estados Unidos en busca de nuevos horizontes, aún en situaciones que, como en el caso de Pablo, fueron educados y preparados académicamente aquí. Con lo demasiado caro que representan los costos universitarios. Díganmelo a mí.

Para la familia que invirtió en ello y habiendo sido muy bien aprovechado por el estudiante, los dividendos serán muy favorables, aún en el caso de una deportación; el título logrado con mucho esfuerzo respaldará al graduado vaya donde vaya. Podrán deportarlo, pero no quitarle lo alcanzado; al final el beneficio será para el país que lo acoja.

Representa una pérdida para el país que se deshace del inmigrante emprendedor, tras formarlo.

Se suele decir que los Estados Unidos es un país de oportunidades, de leyes y de justicia. Tríada que aceptamos los que hemos comprobado ello. Pero no todo inmigrante que alguna vez tuvo a este país como su meta puede sentir lo mismo. Como para Pablo y su familia, en quienes no se cumplió la tríada. Pablo y su hermano aprovecharon la oportunidad; fueron puestos ante las leyes y no les quedó otra alternativa que aceptarlas e irse del país, respetuosos de la justicia americana.

"BABY BOOMERS"

Mi esposa y yo tuvimos la oportunidad de contar con trabajos bien remunerados que nos permitieron cumplir con nuestras metas, sobre todo lo concerniente a la educación de nuestras cuatro hijas. Ante la inquietud de amistades por lo logrado, ahora retirado como un **"baby boomer"** más, suelo expresar con mucho orgullo que: ..."he gastado mi dinero por el amor a mis mujeres" (esposa y 4 hijas, como aclaré).

Uno de los fenómenos de mucha relevancia acontecidos en los Estados Unidos es la **explosión demográfica**, que se sucedieron en dos oportunidades; y que son, en gran parte, las causas del desequilibrio económico del gobierno, con problemas para satisfacer la demanda pública por mejores servicios.

Primero fue lo que se denominó "**baby boomers**". Un baby boomer es una persona que nació durante el crecimiento demográfico posterior a la segunda guerra mundial; comprende a toda una generación de personas que nacieron entre los años 1946 y 1964.

Tal ritmo de procreación bien podría ser una consecuencia de una masiva manifestación de amor, que, tras un conflicto que motivó la separación de millones de familias y parejas americanas, la reunificación post-guerra puso en desplazamiento.

Más bebés nacieron en 1946 como nunca antes: 3,4 millones, un 20 por ciento más que en 1945. Este fue el comienzo de los llamados "baby boom". En 1947, nacieron 3,8 millones de bebés; 3,9 millones nacieron en 1952; y más de 4 millones nacieron cada año desde 1954 hasta 1964, cuando el auge finalmente disminuye. Para entonces, se llegó a los 76,4 millones de "baby boomers" en los Estados Unidos.

Los "baby boomers" incrementaron casi en 40 por ciento la **población** de los Estados Unidos, en su época. Estas personas, ayer bebés, hoy tienen derecho a gozar del **"reposo del águila"**; al cumplir los 65 años se vienen retirando desde el 2012.

Segundo, tras la masiva migración producida desde finales de década de los 80', los **hispanos** son la primera minoría, superando con creces a los afroamericanos, y representan actualmente entre el 12% al 13% de la población de EE. UU., pero en los últimos años han sido responsables del 50 por ciento del crecimiento de la población. Se estima que para el año 2040 representarán más del 25% de la población americana.

En el caso de los "baby boomers" la explosión demográfica tomó 18 años para estabilizarse. En la actual **"latin boomers"** van transcurriendo 28 años y los políticos no se ponen de acuerdo en hallar una solución al problema. Siguen y seguirán llegando. Se requiere pues tomar medidas con justicia a fin de parar este nuevo boom, de no hacerlo los

Estados Unidos está perdiendo ingresos capitales para continuar la recuperación económica. No se perciben impuestos y se producen gastos excesivos para mantener el actual sistema inmigratorio obsoleto. Además, a mayor población, mayor gasto en servicios públicos, que no pueden dejar de ofrecerse.

El Social Security y el Medicare se encuentran ahora ante el inicio de un "**retired boomers**" que ya está motivando a nuestros políticos a pretender tomar acciones que conllevan a recortes en los servicios que ofrecen el SS y el Medicare, como primordialidad.

No hay dinero suficiente, hay crisis económica tal que se estima que ni el SS ni Medicare tendrían fondos suficientes para atender las necesidades de los futuros retirados, en un corto tiempo, no más de 20 años. Ante estas perspectivas ni los "retired boomers" más "jóvenes" actuales alcanzarán a ser beneficiados, cuando les llegue su turno de retirarse, con los servicios que se considera justo.

Sería mucho más pertinente y sensato tomar medidas, ahora, a fin de incrementar los ingresos por aportaciones de millones de inmigrantes "ilegales" que, por su propia condición, no cumplen con el pago de impuestos y mucho menos con las aportaciones al Social Security y al Medicare.

Urge una reforma inmigratoria que facilite el acceso a estas personas "ilegales" al sistema económico verdaderamente productivo, no solo para el empleador, sino para el gobierno recabando ingresos que, con el sistema vigente, se pierden por miles de millones de dólares anuales. Sería una muestra de amor hacia los demás, protegiendo nuestro propio futuro, cuando corresponda el retiro bien merecido. Es una muestra de amor a sí mismo y a los suyos.

4

(II) QUIERE A ESTE PAÍS, COMO SI FUERA EL TUYO

El Credo

El querer a un país es admirar lo que Dios le ha proveído, lo que posee; su naturaleza, sus riquezas. Quererlo también es reconocer su historia, sus costumbres, su cultura; respetar y obedecer sus leyes y requerimientos. Lo que el hombre ha hecho por sí mismo en bien de su país.

Querer al país que nos acoge es adaptarse a sus realidades; aceptar sus debilidades, problemas y necesidades. El inmigrante, más bien, debe tratar de no ser parte de sus problemas, sino esforzarse por ofrecer o ser parte de una solución. Querer a un país es creer en él, con sus virtudes y sus defectos. Querer es creer, tener un credo. Cada país tiene su propio credo, sus principios y, como expresión máxima, su credo está escrito en su Constitución, fruto del esfuerzo y sacrificio de sus mártires y héroes que ofrendaron su sangre y aún su vida por ella.

Credo es la doctrina o conjunto de principios de una persona, es el dogma o conjunto de doctrinas que posee una colectividad. Es el conjunto de principios ideológicos o religiosos de un grupo, una comunidad, de un país. Son sus creencias. Si acudimos al diccionario nos encontramos con muchos sinónimos de credo: ideología, doctrina, creencia, convicción, fe, dogma.

ESTO ES AMÉRICA *

Tomado de una entrevista a Samuel P. Huntington
Profesor de la Universidad de Harvard
"El País": Soledad Gallego-Díaz / Fiona Forde (20 Jun 2004).

El credo se considera como un conjunto de principios universales a los que cualquier persona en cualquier sitio se debería adherir, adaptar. En los Estados Unidos no cabe duda de que es un componente central de la identidad nacional americana, y fue creado por la cultura anglo protestante.

El **credo americano** es un término que fue creado por el sociólogo sueco Gunnar Myrdal en los cuarenta para describir lo que él consideraba las creencias políticas básicas de los estadounidenses. Para Myrdal, estas creencias incluían: "la dignidad esencial del individuo humano, la igualdad fundamental de todos los hombres y los derechos inalienables a la libertad, la justicia y una oportunidad justa". Aquellas ideas fueron expresadas de forma elocuente y en términos similares por Jefferson en la Declaración de Independencia, y han sido reiteradas una y otra vez por los líderes de América, en todo tiempo.

En cualquier época, los inmigrantes que llegaron a EE UU, en cierta medida, se veían atraídos por el credo y creían en él. Se convirtieron al punto de vista americano. La asimilación es posible, pero hay grandes dificultades, debido también a la actitud de los hispanos en general hacia la enseñanza. Un 36% de los estudiantes hispanos en la escuela secundaria no terminan sus estudios, que, comparado con un 16% entre los negros americanos y un 8% entre los blancos Americanos, lo que evidencia un serio *problema. Para algunos padres latinos los adolescentes deberían participar en el aporte económico a la familia.*

*Ahora tenemos un flujo continuo de inmigrantes, y no sólo eso, sino también un crecimiento de la población hispana debido a una tasa de fertilidad más alta. Los **hispanos** representan entre el 12% y el 13% de la **población** de EE. UU., pero en los últimos años han sido responsables del 50% del crecimiento de la población. Para el año 2040 representarán más del 25% de la población americana.*

*Los hispanos tienden a alistarse en el ejército, y están dispuestos a luchar y morir por los EE.UU. Es precisamente lo que hicieron los inmigrantes anteriores para integrarse y establecer su derecho a ser tratados como americanos a título de igualdad. Ése ha sido un papel decisivo en la **asimilación** de los inmigrantes en tiempos pasados, y lo sigue siendo.*

*Las guerras y los enemigos externos por siempre han jugado papel fundamental en el desarrollo de la **identidad nacional** en todos los países a lo largo de la historia. La guerra civil fue realmente el conflicto que nos convirtió en una nación; antes pensábamos en éste país como una simple unión de Estados diferentes, y la gente sentía lealtad por el Estado de Virginia o el de Massachusetts, no por la nación americana.*

En los cincuenta y sesenta nos definíamos a nosotros mismos como el líder del mundo libre frente a la URSS y en general el comunismo ateo; aquello fue algo fundamental para la definición de la identidad americana.

*Ahora, desde el 11 de septiembre del 2001, nos enfrentamos a un enemigo nuevo representado por el **islam** militante y por una red relativamente pequeña pero extensa de células de militantes islámicos, cuyo objetivo prioritario* *es EE UU. Eso nos ha devuelto el sentimiento de identidad nacional americana. Mientras los americanos perciban una amenaza por parte de éste nuevo enemigo, su sentido de identidad será muy fuerte.*

Oportunidades, Leyes y Justicia

Se podría afirmar que el credo americano se basa en tres palabras que son referidas repetidamente al expresar que los Estados Unidos es una tierra de OPORTUNIDADES, LEYES y JUSTICIA.

El inmigrante, en el proceso de asimilación a la realidad americana, debe de ser consciente que tiene que adecuarse a la identidad nacional americana que, con toda certeza, será muy diferente a la de su propio país. El americano nato adopta los principios que regirán el resto de su vida desde los primeros días de su vida en el "pre-kínder" y durante la educación que recibe en las diferentes etapas de su formación.

La educación en los **Estados Unidos** está centrada en fomentar la conciencia del educando hacia el bienestar propio y de los demás, en torno a la competitividad. Si se tiene el talento uno debe emplearlo para lograr ser el mejor en el campo que le favorece. Si no se cuenta con algún talento, se debe intentar de dar lo mejor de sí para superar sus deficiencias. Ni uno ni otro grupo de educandos es dejado "a su suerte"; el gobierno provee todo lo necesario a fin de que todos tengan la misma oportunidad.

Cuan equivocados están aquellos que consideran "deficiente" la educación básica americana (incluido el high school), al pretender compararla con la que recibimos en nuestros países. Se nos prepara bien para enfrentar el futuro con capacidad, pero carecemos de formación en principios básicos de conciencia cívica, de creársenos una identidad nacional plena; uno se ve obligado a adquirirla con el avance en la formación académica que recibamos. Pero la inmensa mayoría de la población no lo percibe. Y al gobierno generalmente no le interesa proporcionárselo. Y es la masa que decide las elecciones; de allí proviene el error en mantener en los cargos de gobierno a personas que no lo ameritan.

Una vez instalados en los Estados Unidos formando parte de los millones de inmigrantes, tratamos de fijar ciertos conceptos en uno mismo y luego transmitirlos a nuestra familia. Me llamó mucho la atención esas tres palabras: oportunidad-leyes-justicia. Es lo que establece la diferencia, a mi parecer, en la educación americana; se crea conciencia sobre éstas tres palabras, desde el inicio de la formación del niño.

Oportunidad:

Cuando arribamos a los Estados Unidos a nuestras hijas les llamó la atención lo "verde" del paisaje. Se me ocurrió decirles que "verdes" son también los dólares americanos; pero no todas las hojas de los árboles son dólares, si se quiere contar con ellos hay que trabajar mucho y que mucho más "verdes" vamos a tener si se es profesional. En USA se nos ofrece la oportunidad de lograrlo, basta que cada uno lo intente y se trace como meta alcanzable, todo está en lo voluntad de uno. Es cuestión de mucha **disciplina y estudio** para alcanzar el "sueño americano".

En la competitividad escolar se concientiza al niño en ello. Nuestras cuatro hijas aceptaron el reto y aprovecharon la oportunidad, actualmente son profesionales e independientes de los padres.

Leyes:

En la educación inicial del niño americano es esencial el hecho de que perciban el sentido de seguridad para sí mismo y la de los demás; se les enseña a caminar siempre orientados hacia la derecha, basta con acercarse a un "kínder" y verlos caminar uno tras otro siguiendo las indicaciones de la profesora de hacerlo por la derecha. En cualquier ciudad de los Estados Unidos el resultado se aprecia al manejar un auto o al observar a la salida de los metros o en las calles muy congestionadas de gente, caminar por la derecha, siempre.

Al tomar el rumbo "derecho", dentro de la connotación, se logra enfatizar también el respeto a las leyes. Caminar "derecho" se acepta como tomar el rumbo correcto, cumplir las leyes. Hacerlo por la "izquierda" equivale al incumplimiento de las leyes, cometer delitos.

Justicia:

Otro de los principios fundamentales inculcados en el niño americano hacia su formación es el hecho de enseñarles a marcar el "911", en caso de una emergencia o cuando se sientan en peligro o abusados o maltratados por cualquiera. El concepto de lo que es la justicia y de los alcances de los que ella se vale para ejercerla, se enseña con la práctica. El "911" representa a la justicia que alcanza a quien lo solicite.

Mantener y costear estudios universitarios a nuestras cuatro hijas contando con una visa de estudiante cada una, no fue nada fácil; más bien nos sentimos muy orgullosos mi esposa y yo, de haberlo logrado. Nuestros cuatro "tesoros" se convirtieron en profesionales, logrando alcanzar el "sueño americano". Han superado la "pesadilla americana" a tal punto que se sienten identificadas con los Estados Unidos; mantienen gratos recuerdos de nuestro país de origen, anhelan visitarlo como turistas y lo hacen en vacaciones. Aman a su país natal, pero el hecho de haberse formado prácticamente en los EE.UU., expresan su amor a él respetando sus leyes, siendo gratas con lo que han logrado, laborando con amor y dedicación hacia sus pacientes (todas son profesionales de la salud).

Cómo no amar a este país si se nos ha permitido establecernos, implantar raíces, nuestros nietos, los que no tienen que recorrer el mismo camino con muchos obstáculos que nos tocó.

¡ Gracias América ! .....

Si quisiéramos tomar un ejemplo de **adaptación,** y de identidad con esta nación, la tendríamos expresada en la vida de un hispano: José Antonio Gutiérrez, el primer soldado caído en Irak.

UNA HISTORIA *

Por Alicia Civita, Guía de About.com

Antes de recibir a los 22 años el trágico honor de convertirse en el primer soldado caído de las fuerzas estadounidenses en Irak, José Antonio Gutiérrez había pasado ya por muchos infortunios, la mayoría cortesía de las guerras. Su sueño más preciado: Convertirse en ciudadano estadounidense, le fue concedido después de su muerte.

Gutiérrez se convirtió además en la cara del movimiento que logró conseguir que los latinos enlistados pudieran regularizar su situación migratoria. La iniciativa sirvió además para colocar atención sobre el problema de los miles de hispanos indocumentados que llegaron cuando eran menores de edad, y han sido temporalmente beneficiados por Acción Diferida.

Su niñez transcurrió en las calles, con años plagados de miedo e inestabilidad. Tenía dos sueños: el de encontrar a su hermana Engracia, separados tras la muerte de sus padres durante la guerra en su país, Guatemala, y convertirse en arquitecto. Sus conocidos lo recuerdan por su gran habilidad para dibujar y su pasión por armar modelos de edificios. Al menos, logró uno de ellos.

La Ciudad de Guatemala se le hizo pequeña y, como muchos jóvenes centroamericanos con poco más que esperanzas en los bolsillos, se subió a un decrépito tren y recorrió los miles de kilómetros que lo separaban de la frontera de EE.UU.

Tras los ataques terroristas del 9-11-2001, reclutadores de las Fuerzas Armadas incrementaron su campaña para atraer a jóvenes hispanos. El esfuerzo tuvo éxito, sobre todo entre los latinos que vieron el enrolarse como la única forma de obtener su residencia.

Todos se sorprendieron cuando Gutiérrez decidió alistarse en el cuerpo de Infantería de Marina. El chico que adoraba dibujar no parecía cortado para una vida de combate. En diciembre de 2002 llamó a Engracia para desearle Feliz año nuevo. Le contó que iba a la guerra. "Reza mucho por mí, para que Dios me deje regresar con vida", le dijo.

Tres meses después, en las primeras horas del gran ataque a Irak, el 21 de marzo de 2003, José Antonio Gutiérrez estaba con su unidad en el puerto de Umm Qasr, cuando recibió un impacto mortal en el pecho. Murió instantáneamente.

Para Engracia, sólo hay un consuelo; que su hijo ahora tiene más oportunidades. "Mi hermano puede estar feliz, porque ahora tiene un sobrino que es americano", dijo.

El Inmigrante y la Identidad Americana

El alto índice de inmigrantes hispanos que hacen el servicio militar, refleja el profundo compromiso del inmigrante con el modo de vida estadounidense. Unos 35,000 inmigrantes hispanos, un 2 por ciento de toda la tropa de los EE.UU., han servido en Irak y Afganistán.

La migración humana se produce no por simple gusto, sino por necesidad de buscar un mejor futuro, que ya no lo vean posible en su país de origen. Para tal fin la gente sigue arriesgando su vida, como José Antonio que ofrendó su corta vida por un país que no era el suyo, en una guerra en la que él nada tenía que ver.

Se gastan miles de millones de dólares en construir muros cada vez más altos, más largos y más difíciles de sobrepasar; se invierten otros tantos miles de millones en contratar más personal de inmigración y su respectiva implementación técnica u otros insumos. Pero los inmigrantes siguen llegando.

Las leyes nacen del compromiso adquirido por los políticos para elaborarlas en beneficio de sus electores. Desgraciadamente en los tiempos actuales nuestros representantes se encuentran abocados en discusiones que expresan confrontación y oposición mutua. Haber llegado a la posibilidad de un cierre del gobierno es consecuencia de una seria crisis política en el Legislativo, entre demócratas y republicanos, por desacuerdos basados en conveniencias políticas.

Ante éstas circunstancias, le corresponde al Ejecutivo tomar decisiones que, en muchos aspectos, no serán aceptadas aún por sus propios partidarios.

En el año 2012, en un momento que una posible reforma migratoria no se llevó a cabo, usando la amplia discreción que le otorga la ley y la Constitución, el Presidente Barack Obama tuvo que tomar decisiones; incluso sin una reforma inmigratoria, estableció **Acción Diferida o DACA**, que favoreció al inmigrante indocumentado.

Obama, tomando esta misma alternativa, el viernes 15 de Noviembre del 2013, dio una **orden administrativa** llamada **"parole in place"** que, esencialmente, regulariza la presencia legal en los Estados Unidos de los familiares del militar activo, reservista o veterano.

La disposición ejecutiva favorece a los cónyuges, padres o hijos de personas enlistadas o que anteriormente sirvieron en las fuerzas armadas del país; todos podrán contar con permisos de estadía por un año, renovable, y otros beneficios migratorios.

La acción tomada por el Presidente responde a lo decidido, días anteriores, por el líder de la mayoría republicana en la cámara baja John Boehner, quien eliminó la posibilidad de una discusión de una reforma inmigratoria. Boehner repitió su conocida oposición a la iniciativa sobre una reforma de inmigración aprobada ya por el Senado y sostuvo su promesa de que la Cámara de Representantes nunca la votará.

Lo último que debe preocupar a nuestros militares que pelean por el país es la posible deportación de algún miembro de su familia. Más aún tomando en cuenta que por cada soldado estadounidense fallecido en las guerras de Irak o Afganistán, 25 veteranos se suicidan en los Estados Unidos. Es la escalofriante cifra dada por el New York Times.

La nueva **medida administrativa** favorece no sólo a los familiares de los miembros de las fuerzas armadas sino que, al mismo tiempo, eliminaría del récord el estatus de "ilegal" que impide que muchos indocumentados obtengan su tarjeta de residencia aún cuando estén casados con un ciudadano americano. También se verían favorecidos los indocumentados casados con residentes americanos.

Decisiones ejecutivas como ésta es la que los activistas pro-reforma inmigratoria vienen exigiendo a la presidencia. Con tales alternativas se lograría parar las deportaciones que causan separación de familias.

El pueblo estadounidense está cansado de que sus líderes no puedan llegar a una solución que sea efectiva para solucionar el creciente problema de la inmigración ilegal. El pueblo no quiere que se abran ni que se cierren las fronteras; solo desean que las fronteras y el sistema de inmigración sean eficaces y seguros.

El problema de la actual economía no son los inmigrantes sino las resquebrajadas leyes migratorias que permiten que la gran empresa explote al indocumentado, haciendo caer el salario de los demás. Si todo inmigrante estuviera obligado a entrar en el sistema, pagar lo que le correspondiese y hacerse ciudadano de EE.UU., dejaríamos sin ventaja a la gran empresa, eliminaríamos el sistema paralelo y crearíamos un movimiento laboral unido que elevaría los salarios y la calidad de vida de todo trabajador.

5

(III) RESPETA LAS LEYES DE ESTE PAÍS, A PESAR DE QUE NO SEAN LAS MISMAS QUE LAS DEL TUYO

===================================

Migración

La **migración** humana, tiene dos acepciones: una amplia, que incluye a todos los medios de desplazamientos de los seres humanos a través del amplio mundo; y otra, más restringida, en que sólo se considera a todos aquellos desplazamientos locales, que involucran un cambio de residencia dentro de su país de quienes los realizan.

El ser humano es migrante por naturaleza; la historia nos demuestra que siempre ha sido así. Los primeros migrantes **nómades** lo realizaban por tierra, luego tomó el mar y ahora el aire. Antes no existían fronteras, ahora se construyen muros, a fin de evitar la migración no deseada.

Las naciones en el mundo entero se han formado por procesos migratorios. Han surgido tribus, comunidades y poblaciones que crecieron tanto que tuvieron que organizarse y auto imponerse limitaciones, deberes y derechos para poder convivir en paz. Así surgieron las leyes, regidas por una Constitución, como conjunto de normas magnas que rigen el destino de una nación.

Emigración, es la salida de personas de un país, lugar o región, para establecerse en otro país, lugar o región. Para migrar, el emigrante ha considerado que en su lugar de origen existe una situación negativa que afecta o podría afectar el nivel de vida suya y de su familia. Es la decisión que toma el ser humano con una percepción de que al establecerse en otro lugar aumentarán sus perspectivas económicas, sociales, educativas o de otra índole. Visualiza que sus esperanzas de una vida mejor se harán efectivas en el futuro, en otro lugar.

Inmigración es la llegada a un país de una persona, o un grupo de personas migrantes desde otro país. El proceso de inmigración afecta al país receptor tanto positiva como negativamente. Son la elaboración de leyes inmigratorias justas las que determinan honrar lo positivo así como castigar lo negativo del fenómeno.

La migración brinda, al fin, una gran contribución al desarrollo social y económico a los países tanto de origen como de destino del migrante. Se permite el intercambio social y cultural que enriquece la economía y las costumbres locales del país receptor. La historia ha demostrado que los inmigrantes (incluso los irregulares) acaban asimilándose a la población local y fusionándose con ella.

Inmigración irregular o inmigración ilegal es la migración de personas a través de las fronteras, sin atender los requerimientos legales de admisión del país de destino. La persona que se encuentra en esta situación se denomina **inmigrante** irregular, ilegal, indocumentado. Aunque no nos agrade la denominación de **"ilegal"** para toda persona indocumentada, debemos aceptarla en parte. Se ha cometido una alteración a la ley. Toda persona que comete un delito comete una ilegalidad; está contra la ley. Un inmigrante sin documentos, por lo tanto, es una persona en situación ilegal.

En los Estados Unidos, una vez resuelto el problema de la "ilegalidad", obteniendo el ansiado permiso de trabajo y luego la Residencia, se concluye con la soñada Ciudadanía Americana. Mientras un Residente no tenga la Ciudadanía Americana, si bien es cierto tiene los mismos derechos, está sujeto a la deportación si comete algún delito que lo amerite. A un Residente, paralelamente a su condena legal, se le sigue un proceso de deportación ante las autoridades del Departamento de Inmigración y Naturalización, quienes determinan su futuro al final de su condena.

El inmigrante que no sea un Ciudadano Americano después de cometer un delito sufre las consecuencias de sus errores pagando doble condena. Primero debe cumplir con lo impuesto por la ley penal y civil; luego por lo que determine el Departamento de Inmigración, que lleva casi siempre a la deportación.

La defensa de un Ciudadano de los Estados Unidos es completamente diferente a la defensa de un detenido extranjero. En la mayoría de los casos, la defensa y las negociaciones de sentencia anticipada de un ciudadano estadounidense se enfocan en obtener una sentencia que evite largos períodos de encarcelamiento.

Para un Residente, la defensa de su caso no puede basarse únicamente en el período de encarcelamiento o en el castigo penal y civil que se le impondrá sino en las causales criminales específicas por las cuales se le acusa, enjuicia y sentencia al inmigrante. Está en juego su permanencia en el país, o la mejora de su estatus migratorio.

Como es de comprender, la sección específica bajo la cual se acusa a un inmigrante es esencial para determinar si el inmigrante podrá mantener su estatus migratorio legal actual o incluso obtener un estatus migratorio legal, si este se encuentra ilegalmente en los Estados Unidos (si lo amerita).

UN HECHO *

* Tomado de ElNuevoHerald.com
Publicado el jueves, 09.19.13

David, conocido hombre de negocios sudamericano, que viajó por todo el mundo, residente en Miami, compareció ante un juzgado federal con un uniforme caqui de prisión. David, quien se había declarado culpable meses atrás de **estafa** por robar millones de dólares invertidos en su última y malaventurada empresa, pidió perdón profusamente por su crimen, a sus inversionistas, ex empleados y familiares.

El juez de Fort Lauderdale sentenció a David a 12 años y medio de cárcel y devolver alrededor de $24 millones a los inversionistas de su difunta compañía, Innovida Holdings, Inc. Además, fue despojado de todos sus bienes personales, incluida la muy hipotecada mansión de Star Island cuya venta en el 2011 por $12.7 millones produjo alrededor de $3.4 millones para sus inversionistas.

El abogado defensor, tenía la esperanza de que su cliente recibiera menos de 10 años de cárcel, alegando que él había aceptado su responsabilidad criminal, ayudado a la fiscalía en su juicio contra el ex director de finanzas de su compañía, cooperando con los abogados en un proceso paralelo de quiebra y hecho generosas donaciones a agencias caritativas.

Tras dirigir una compañía de distribución de computadoras llamada CHS que estuvo entre las líder de Fortune 500 y se fue a la quiebra en el 2000, David lanzó Innovida Holdings con la promesa de que él podía fabricar paneles de construcción de fibra de vidrio en Miami y otras partes del mundo y sacar ganancias sustanciales. Pero esa nueva empresa lo llevó a tener serios problemas con los inversionistas y las autoridades federales.

Agentes del FBI consolidaron un caso de fraude en contra de David que llevó a su detención, le acusaron de estafar a vecinos acaudalados del lugar donde residía, en la exclusiva Star Island, en Miami Beach. Según una acusación, David conspiró para sacarles $40 millones a 10 inversionistas y otros $10 millones a un programa del gobierno federal entre el 2006 y el 2011. El subsidio del gobierno era para construir 500 viviendas en Haití tras el devastador terremoto de enero del 2010.

En lugar de eso, David pasó el dinero de los inversionistas a cuentas bancarias extraterritoriales en las Islas Caimán. Según la Fiscalía, David mintió sobre su compañía y ofreció documentación falsa para lograr ese préstamo y el dinero lo usó para pagar a los inversores a los que debía dinero, así como "su propio beneficio y el de sus cómplices, así como para fomentar el fraude".

Según documentos judiciales, el conglomerado de empresas formado por Innovida "supuestamente se había expandido rápidamente y con fuerte respaldo financiero por EEUU, Emiratos Árabes, Alemania, Angola y Tanzania", entre otros países. David y su jefe financiero fueron acusados de crear una red para defraudar y obtener dinero y propiedades por medios falsos y fraudulentos.

El Inmigrante y las Leyes

En los Estados Unidos las leyes son muy específicas y todo acto fuera de la ley es considerado un crimen. La aplicación de la ley penal y civil no establece diferencias entre un inmigrante y un ciudadano Americano, ambos reciben el mismo trato. Salvo en las leyes inmigratorias.

Cualquier individuo que no sea un ciudadano Americano está sujeto a un proceso de **deportación** si en algún momento el Departamento de Seguridad Nacional de los Estados Unidos acusa al inmigrante de infringir las leyes de inmigración. La persona es entonces forzada a volver a su país de nacionalidad sin considerar la familia y los **lazos** culturales establecidos en los Estados Unidos.

Para los inmigrantes que cometen, incluso delitos menores, la aplicación de las leyes de inmigración actuales puede tener como resultado consecuencias devastadoras. En 1996 se firmó la última, y vigente, modificación del sistema de visado de los Estados Unidos, la Ley de Reforma de Inmigración Ilegal y Acta de Responsabilidad del Inmigrante de 1996 (**IIRAIRA**). Anterior a IIRAIRA, los inmigrantes condenados por ciertos delitos no eran deportados. Aún si hubiese motivo para la exclusión o expulsión, había dispensas sobre los motivos que generalmente se concedían. Tal es el caso de Onyango Obama.

Tío de Obama

Onyango Obama, nació en Kenya hace 69 años y vivía, como un indocumentado más, desde octubre de 1963 en el país que, actualmente, gobierna su sobrino Barack Obama. Su hermano, el fallecido padre del Presidente Obama, motivó a Onyango a migrar a los Estados Unidos, apoyándolo con una visa de estudiante que caducó en 1970. Él ha estado viviendo en el país ilegalmente desde entonces.

En 1986, recibió una primera orden de deportación, aunque presentó una apelación, le llegó un dictamen final después de seis años. Un juez emitió una segunda orden de deportación contra Onyango Obama en 1992. Pero Obama nunca salió del país. Onyango radicó siempre en Boston, donde estaba trabajando como gerente de una tienda de licor, cuando la policía lo arrestó por conducir ebrio en agosto de 2011. En ese caso fue sentenciado a libertad condicional, y la ley dispuso una renovada atención a su estatus migratorio.

El martes 3 de diciembre del año 2013, Onyango compareció ante la corte de inmigración presidida por el Juez Leonard Shapiro. Durante la audiencia, el abogado defensor de Onyango le preguntó si tenía parientes en Estados Unidos. Onyango Obama dijo que tenía una hermana, dos sobrinas y un sobrino. Le pide que nombre al sobrino, él contestó: Barack Obama. Él es el Presidente de los Estados Unidos, dijo, para sorpresa del Tribunal.

El Juez dictaminó que Onyango Obama calificaba para una **provisión** en la ley federal de inmigración que permite a los inmigrantes solicitar la residencia legal permanente, siempre y cuando hayan vivido en los Estados Unidos desde antes de **1972** y hayan mantenido un buen carácter moral.

El Juez dijo que Obama era un buen vecino y un caballero y había pagado sus impuestos, durante los 50 años que vivió en los Estados Unidos, a pesar de su estatus de indocumentado. No se consideró el incidente del 2011.

Al final de la audiencia, el Juez le dijo, "Bienvenido a América".

El Inmigrante y la Justicia

Las leyes inmigratorias vigentes ponen de relieve la política de atraer hacia los Estados Unidos como inmigrantes permanentes, personas que posean habilidades profesionales y capacidad económica; pero, ante todo "buen carácter moral".

El respeto a las leyes y a la cultura americana es esencial en el proceso de asimilación de todo extranjero que pretenda establecerse en los Estados Unidos. Es lo que se debe incluir en nuestro nuevo "**CD cerebral**", eliminando lo malo que cargamos de nuestros países originarios.

Se nos ofrece la **oportunidad**, hay que aprovecharla, más no pretender abusar de ella. Oportunidad no es ingenuidad del sistema americano, como muchas veces se confunde por parte de aquellos que pretenden realizar sus actividades criminales con fines productivos, como lo hace notar David. Onyango, en cambio supo aprovechar la oportunidad de realizarse en este país. Cumplió las leyes, tuvo errores como humano que es, sin embargo la justicia le permitió cumplir con sus metas.

Las **leyes** son claras y muy específicas para cada caso y se aplican con todo el rigor en cumplimiento de los fines con que fueron creadas. No hay salida posible cuando se incumplen, ni tiempo que lo perdone; así como tampoco existen puertas cerradas cuando se es necesaria su aplicación al requerirse de ellas.

La **justicia** tarda pero siempre llega. En los Estados Unidos el reo no es culpable hasta que no se demuestre su culpabilidad. El supuesto criminal no necesariamente tiene que demostrar su inocencia, sino la justicia tiene que demostrar la culpabilidad. La justicia es ciega, pero ve más allá de lo que los que pretenden violarla creen ver.

Todo inmigrante que llegue a los Estados Unidos tiene la oportunidad en sus manos, solo tiene que respetar las leyes con la plena certeza que puede contar con la justicia.

Con solo acudir a informarnos en los medios de comunicación podemos comprobar a diario hechos que nos muestran lo expresado.

Dos amigos, inmigrantes latinos, Juan, residente permanente, y Miguel, "indocumentado", manejando en una autopista se sobrepasan su salida y al pretender salir en la siguiente no se percatan de un letrero que prohibía el ingreso por ser exclusivo para el ingreso a una dependencia del gobierno. Son detenidos de inmediato, pero no solo tuvieron que afrontar las penalidades de la infracción civil, sino fueron sometidos a presentar documentos que acrediten su residencia legal en los Estados Unidos.

Al no poder acreditar su situación legal, por no portar los documentos adecuados, fueron notificados al departamento de inmigración. Juan no tuvo inconvenientes, más a Miguel, casado con hijos ciudadanos americanos, le fue impuesto una orden de deportación inmediata. Las leyes y la justicia americana le permitían asesorarse con un abogado. Lo hizo.

El abogado de Miguel mantuvo su defensa en dos hechos: la "buena conducta moral" y en lo que dispone la Constitución Americana y las leyes sobre los derechos de la persona a no ser discriminada ni ser sometida a las normas legales por su prototipo o apariencia externa. En el caso de Miguel ambas condiciones se cumplían a cabalidad.

Al Departamento de Inmigración no le quedó otra alternativa que suspender la deportación y ofreciendo las disculpas del caso por la decisión equivocada que tomó la policía de llamar a ICE. El abogado sostuvo en su alegato que de no haber tenido los infractores apariencia de latinos, la policía e inmigración no hubiesen actuado como lo hicieron.

La justicia en los Estados Unidos cubre a toda persona, como tal, sin considerar raza, color de piel, apariencia, creencias, ni situación que ocupe tal persona dentro de la comunidad.

6

(IV) CONSIDERA QUE ESTE PAÍS TE OFRECE DERECHOS QUE, QUIZÁS, NI EN EL TUYO LOS TENGAS

=======================================

Inmigración Ilegal

La migración humana se produce no por capricho ni sin razón, sino como una alternativa forzada por alguna circunstancia que obliga al emigrante a cambiar de lugar de residencia. Se ha visto en la necesidad de hacerlo para asegurar su protección y la de su familia. El emigrante siente que sus derechos básicos han sido mancillados, aún por las propias autoridades. Ya su mundo entero, su universo hogareño no es seguro y su gobierno no le ofrece buenas perspectivas futuras. Ejerce como un derecho el emigrar y como un deber el de proteger y asegurar a su familia. Inicia la emigración en busca de un futuro promisor para su entorno familiar.

Debido a múltiples tensiones político-sociales que acontecen en el mundo actual, el tema de los inmigrantes y emigrantes indocumentados, es utilizado muy a menudo para provocar tensiones raciales y culturales. Tras septiembre 11, algunos políticos y periodistas juegan con los miedos que supone el terrorismo y relacionan a los inmigrantes con la criminalidad y hablan de "invasión".

La expresión **"inmigrante ilegal"** posee una connotación de criminal donde el **inmigrante** es culpable de hacer lo que los humanos han hecho siempre: cruzar las fronteras o los océanos en búsqueda de una vida mejor.

Los inmigrantes deberían ser considerados como indocumentados o en una situación irregular, y no como "ilegales", cuando no se les permite entrar, permanecer o trabajar cumpliendo las leyes del país receptor.

Actualmente se estima que cuarenta millones de personas en el mundo trabajan y viven en diversos países, indocumentados, sin permiso. Aproximadamente 11 millones de ellos viven en los Estados Unidos y unos 10 millones viven en toda la Unión Europea.

La primera vez que se utilizó el término de "inmigración ilegal" fue en los años 20 cuando se empezaron a aplicar leyes en Estados Unidos para hacer frente a la inmigración europea.

La vida de un **inmigrante indocumentado** está caracterizada por la inestabilidad económica, social y emotiva; la idea de no tener derechos acentúa su preocupación. Ven reducidas sus esperanzas de tener un debido acceso a los servicios de salud pública, a poseer su propio alojamiento, a la educación, o a algún otro beneficio público; actualmente, el inmigrante indocumentado no cuenta con acceso ni a los sistemas financieros y a los bancos, menos a una licencia de conducir. Se consideran "ciudadanos muertos". Están viviendo la **"pesadilla americana"**.

No obstante, todos los inmigrantes (sin tener en cuenta su estatus) tienen derechos: no sólo aquellos que se contemplan en la Convención de la **ONU** sobre los **trabajadores migrantes**, sino como ser humano. Se poseen también derechos que se presentan en la Declaración Universal de los Derechos Humanos de la ONU.

Sin embargo, en el artículo 13 - 2 de la Declaración Universal de los Derechos Humanos, hay una contradicción fundamental en donde sólo la emigración (salida de una persona de su país) es reconocida como un derecho fundamental, mientras que la inmigración (entrada de una persona a otro país) se contempla como una cuestión de soberanía nacional, propia de cada país y, por lo tanto, a discreción de cada nación.

Es primordial que los Estados Unidos contemple resolver el problema inmigratorio dentro del marco de los derechos humanos, siendo la cuestión de la inmigración ilegal lo más preocupante.

El inmigrante común que se encuentra en los EE.UU., sea con papeles o indocumentado, debe considerar que tiene derechos fundamentales en su condición de humano, con los mismos alcances que el ciudadano americano. Cuando ése inmigrante se encontraba en su país de origen, tomó la decisión de emigrar justamente porque se vio privado de aquellos derechos y de los que protegían su constitución.

El hecho de llegar a un país extranjero convierte al inmigrante en un miembro más de la comunidad que eligió como nuevo domicilio. Debe someterse a lo que establecen las normas que gobiernan a sus vecinos y no pretender imponer lo que él conlleva de su país de origen. Debe comprender que mientras cumpla las normas será considerado como un habitante de buena conducta moral; por lo contrario si las incumple será considerado como un criminal, peor le irá si no tiene "papeles".

Aún siendo inmigrante legal o residente americano, no se está protegido plenamente por la Constitución Americana. El residente permanente no es tratado por igual como un ciudadano americano en el caso de haberse cometido un delito considerado criminal. El residente puede ser deportado si el Departamento de Inmigración lo considera aplicable, una vez que se ha cumplido la pena. Incluso a todo residente que haya adquirido la ciudadanía puede revocársele la ciudadanía si el delito es considerado una felonía grave y el juez de inmigración decide considerar la sentencia como un acto en favor de la seguridad nacional.

No se puede evitar el reiterar que los Estados Unidos es un país de oportunidades, de leyes y de justicia. Un claro ejemplo lo constituye lo acontecido con Manuel.

UN CASO *

*   CNN en español
Por Cindy Y. Rodríguez y Jaqueline Hurtado
jueves, 05 de septiembre de 2013

Manuel tiene un título en Derecho y aprobó el examen de la Barra de Abogados de California. Sin embargo, no puede ejercer como abogado porque la ley no está de su lado. Manuel, de 36 años, es inmigrante indocumentado desde que llegó de México cuando era niño.

*A pesar de que la barra estatal desea admitirlo, ¿cómo puede alguien que no tiene un estatus legal convertirse en abogado con **licencia**, cuyo trabajo implica hacer valer la ley? Este es el argumento que esgrime el Departamento de Justicia en reporte informativo para el tribunal. El argumento es que la corte está parcialmente financiada por el Estado, que no puede financiar a un inmigrante indocumentado y por lo tanto no puede emitir una licencia de abogado. Manuel y sus simpatizantes* *presentaron sus argumentos ante la Suprema Corte de California.*

El caso está bajo un intenso escrutinio por el precedente que puede sentar, no sólo en California, sino en toda la nación. La decisión de la corte podría afectar a cientos de jóvenes profesionales que buscan una licencia en este país.

El caso de Manuel no es el único a nivel nacional. En Florida, Raúl, de 26 años, aprobó el examen de la Barra y tampoco pudo recibir su licencia de abogado. Manuel, junto con el Consejo de Examinadores de la Barra de Florida, solicitaron una opinión a la Suprema Corte estatal en diciembre del año 2011 respecto a si los inmigrantes indocumentados pueden optar a la Barra de Florida.

En Nueva York, José, de 29 años, también ingresó de manera ilegal a EU cuando era niño, presentó una solicitud para convertirse en abogado en 2012. José también apoyó el DREAM Act y ayudó a establecer Dream Action Coalition, un grupo de presión política para la aprobación de una legislación a nivel federal y estatal a favor de los jóvenes indocumentados.

*Muchos inmigrantes indocumentados que llegaron a EU siendo niños son candidatos para obtener visas de trabajo de dos años bajo el programa de **Acción Diferida**, promovido por el presidente Obama. Sin embargo, Manuel, Raúl y José, no pueden aplicar al programa por su edad.*

Actualmente, Manuel es candidato a obtener el permiso de residencia por petición familiar, su padre, hoy ciudadano americano, se convirtió en residente permanente legal bajo la ley de amnistía de 1986. La lista de espera para los de origen mexicano es demasiado larga.

*La Constitución estadounidense garantiza el acceso público a la **educación** hasta la preparatoria. Más allá de este nivel no existe una garantía constitucional de acceso, aunque cada estado tiene la opción de admitir a estudiantes indocumentados en sus universidades y colegios públicos.*

"Sueño Americano"

Para alcanzar el "sueño americano" se requiere disciplina y educación. Disciplina para acatar las leyes, esforzarse en ser mejor cada día y dedicarse con ahínco a forjar su futuro con una educación adecuada.

Revisando lo escrito hasta ahora (domingo 2 de Febrero del 2014) me es muy grato comprobar una vez más lo benévolo que es EE.UU.; al observar en la televisión local una noticia que expresa lo que dos días atrás dictaminó la Corte Suprema de California. El caso de Manuel fue resuelto favorablemente y el primer **abogado indocumentado** abrirá su despacho profesional en California desde el lunes 3 de Febrero. Manuel está realizando su sueño americano.

La Corte consideró que no existe ninguna ley estatal, ni regulaciones públicas que justifiquen excluir a algún inmigrante indocumentado de la Barra de Abogados del estado de California, más aún si el inmigrante ha demostrado "buen carácter moral".

Es por seguro que tal decisión legal permitirá a muchos otros profesionales inmigrantes indocumentados que hayan aprovechado la oportunidad de serlo, como Manuel, puedan alcanzar sus metas; habiendo cumplido las leyes y en espera de que se haga justicia a su derecho adquirido.

Es importante entender que la inmigración es un gran halago para aquellos países que los emigrantes escogen como su destino. El camino que eligen no suele ser hacia

China o algún país de África, y ya tampoco lo es gran parte de América Latina, así como lo fue USA durante mucho tiempo. Los países que son imanes para los emigrantes tienden a ser ricos y libres. Por su calidad de atracción, Canadá se ha convertido en un sueño para muchos, pero también lo son los países de Europa.

El precio que los emigrantes están dispuestos a pagar es tan alto como fuerte es el impulso por salir del país que los vio nacer. La firma de los convenios internacionales obliga a los gobiernos receptores a proteger los derechos humanos de los inmigrantes.

La muerte de miles de inmigrantes a lo largo de las fronteras que intentan sobrepasar los muros, es el resultado perfectamente predecible y por ende prevenible de la militarización de esa misma línea fronteriza durante los últimos 20 años. Las rutas tradicionales del flujo de migrantes se han desviado hacia zonas más peligrosas, ahora inaccesibles. Es un estímulo poderoso para las bandas de traficantes humanos, muchas veces contando con la complicidad de las autoridades en ambos países, en todos los niveles federales, estatales y municipales; civiles, policiales y militares.

Cuando las fronteras están abiertas, el emigrante va y viene de un lugar al otro, sin contratiempos; no intenta quedarse donde carezca de "**raíces**". Cuando las fronteras están cerradas, el emigrante tiende a estabilizarse en el lugar que lo acoge, y después trae a su familia y establece otras nuevas "raíces".

En los Estados Unidos la inversión en seguridad nacional se ha visto intensificada con el incremento adicional de un mínimo de 46 mil millones de dólares que incluirán la extensión de las barreras actuales, 40 mil elementos de la

Patrulla Fronteriza, y el despliegue de las medidas más sofisticadas de intercepción terrestre y aérea, incluyendo drones y otras tecnologías de avanzada.

Agregar a esto, las pérdidas económicas por miles de millones por la no captación de impuestos y no pago por servicios ofrecidos que ocasiona la inmigración "ilegal".

Urge la elaboración de una reforma inmigratoria. Tal actitud se debe tomar en protección del ciudadano americano y de aquel residente permanente que son los que cubren los gastos del gobierno. Al hacer partícipes a millones de inmigrantes indocumentados de los derechos que les corresponde, estarán obligados a cumplir los deberes; sobretodo permitiría al gobierno hacerlos "visibles", detectables; lo que, en las condiciones actuales no ocurre.

Todo esto es factible corregir, enmendar, a pesar de que el inmigrante ya establecido tiene claro que los **derechos constitucionales** de los inmigrantes no son los mismos que los derechos constitucionales de un ciudadano estadounidense. Tener una tarjeta de residencia permanente es simplemente un permiso para vivir y trabajar en los estados Unidos. Todo inmigrante con una "green card" está sujeto a la deportación en cualquier momento que el gobierno federal lo considere necesario.

Con las leyes de inmigración vigentes la necesidad de convertirse en un ciudadano estadounidense es mucho mayor que antes. De aprobarse una nueva ley de Reforma Inmigratoria lo será aún más. Los políticos tienen en cuenta que es necesario asegurarse más votos a fin de tentar ganar una elección. Por otro lado, los abogados penales están preparados para obtener sentencias menos severas para sus clientes ciudadanos Americanos, pero no lo están para enfrentar las condenas penales sobre los inmigrantes no ciudadanos.

Para el inmigrante que no es ciudadano la consulta inmediata con un abogado de inmigración en el momento del arresto es crucial. Su defensa debe comenzar en el momento del arresto y continuar hasta que el caso sea cerrado. Los abogados de inmigración están preparados para tratar con las complejas leyes aplicables al crimen y sus efectos sobre el estatus inmigratorio.

7

(V) TEN EN CUENTA QUE EN ESTE PAÍS, MUCHOS DE LOS DEBERES TUYOS CONSTITUYEN DERECHOS DE LOS DEMÁS; Y VICEVERSA, MUCHOS DERECHOS TUYOS SON DEBERES DE LOS DEMÁS

Deberes y Derechos

Los deberes y los derechos de los ciudadanos están íntimamente relacionados, formando una unidad aunque sus contenidos sean diferentes. Uno implica al otro: a cada deber le corresponde un derecho. No es posible exigir nuestros derechos si previamente no cumplimos con nuestros deberes. Los deberes y los derechos constituyen el mecanismo más importante que regula la conciencia social del hombre.

Deberes son exigencias o prohibiciones en torno a la realización o no de determinados actos o la adopción de una determinada forma de conducta.

Derechos son facultades para hacer o exigir que se haga todo aquello que la naturaleza humana y las leyes establecen a favor de las personas.

Clases de deberes:

a. Deberes Generales: Son aquellos que cumplen todas las personas sin excepción por ejemplo: respetar y defender la ley, pagar impuestos, respetar y defender los símbolos de la patria.

b. Deberes de Función: Son aquellos que cumplimos en cuanto cada persona realiza una actividad o función específica, por ejemplo: no abusar del poder de autoridad, castigar con justicia.

Clases de derechos:

a. Derechos Fundamentales: Son aquellos que no pueden faltar en la vida de las personas, por ejemplo: derecho a la vida, a la libertad, y a la propiedad.

b. Derechos Derivados: Son aquellos que provienen de los fundamentales por ejemplo: derecho a la educación, a un cuidado de la salud, a la prosperidad, al bienestar.

El origen, mecanismo y proporción de los derechos y deberes fundamentales del ser humano en sociedad tiene como antecedentes históricos a los siguientes documentos: la Declaración de la Independencia de los Estados Unidos del 04 de Julio de 1776, y la Declaración de los Derechos Humanos del Hombre y del Ciudadano, dictada durante la Revolución Francesa de 1789. Estos documentos sirvieron de base para la elaboración de la **Declaración Universal de los Derechos Humanos**, aprobados en la III Asamblea General de las Naciones Unidas, en París el 10 de diciembre de 1948.

Cuando las personas adquieren la conciencia de derechos y deberes, dentro de un ordenamiento jurídico, saben cuáles son sus derechos y cuales sus deberes de acuerdo con las normas vigentes. La implementación del derecho de la persona depende en gran medida de que ésta tome conciencia de sus deberes. En los Estados Unidos, hay que entender que la "green card" no es un derecho de los inmigrantes. Es un privilegio y como tal puede ser retirado si no se cumple con ciertas obligaciones.

Todo inmigrante que entra a los Estados Unidos, ya sea de visita o a vivir, queda sujeto a las disposiciones establecidas en el **derecho de inmigración** que es parte de la ley federal que rige los derechos legales, las obligaciones y los deberes de todo extranjero. También provee el método por el cual un inmigrante residente legal puede hacerse ciudadano nacionalizado y adquirir casi todos los derechos que tiene un ciudadano natural de los Estados Unidos.

El derecho de inmigración vigente establece estrictas reglas de entrada al país por las fronteras, las que dictan quien puede emigrar, cuánto tiempo puede permanecer y cuando debe regresar a su país. Cuando se vence el plazo de permanencia, se cuenta con un indocumentado más.

En los Estados Unidos existen millones de inmigrantes indocumentados. En determinadas instancias, existe alguna manera en que una persona indocumentada pueda ajustar su actual estatus para obtener un permiso de vivir y trabajar en el país. Sin embargo, para muchos de ellos, no hay una solución legal bajo las normas actuales.

Ensuciarse las manos es algo que la mayoría de la población "legal" en los países ricos ya no quiere hacer. La mano de obra de los "ilegales" es esencial desde las cocinas de los restaurantes hasta el cuidado de los ancianos, desde la pizca de los cítricos hasta el trabajo como domésticos en las casas de los pudientes, así como en la industria de la construcción. Los ciudadanos de los países ricos quieren consumir servicios que ellos mismos ya no están dispuestos a auto proveerse. Puede que no sea muy digno esperar que los **trabajadores "ilegales"** inmigrantes hagan ese trabajo "sucio", pero para ellos esos empleos son un peldaño en la escalera de la esperanza, al tiempo que ayudan a mantener en funcionamiento a las economías y sociedades avanzadas.

Personalmente he podido comprobar que muchos inmigrantes, aún sin documentos legales, ven la oportunidad y logran tal adaptación al sistema americano que ponen en práctica su intelecto para convertirse en pequeños empresarios y, lo que es más, regresan a sus países (voluntariamente o al ser deportados) con la suficiente experiencia y economía para empezar un pequeño negocio, ya con seguras perspectivas hacia su futuro. En esta forma los inmigrantes hacen una doble contribución: ayudan al país que los acoge y después a sus propios países.

El hecho de que la tendencia del inmigrante de "quedarse" en el país al que llega se pueda revertir es motivo de esperanza, siempre y cuando se consideren situaciones como las descritas para su implementación en una posible y, necesariamente muy pronta, reforma inmigratoria.

Estados Unidos se forjó por los pioneros irlandeses; por más de un siglo, Irlanda fue un país de emigrantes por excelencia. Ahora Irlanda es tan próspera que atrae inmigrantes, incluso del Reino Unido. Sin embargo, no es la única manera de avanzar. La integración de los inmigrantes tiene mucho sentido, pero es deseable ayudar a crear condiciones sostenibles en los países menos afortunados con el apoyo de una generación de inmigrantes que primero transfieran recursos y después regresen.

Por lo tanto, negar que los inmigrantes actuales, cualquiera fuese su estatus, tengan derechos en los Estados Unidos es como desconocer la lucha de los pioneros inmigrantes que forjaron este país.

Un ejemplo de lucha por alcanzar sus derechos, y los de los demás, es **César Chávez**. De padres mexicanos nació en San Luis, Arizona, un 31 de marzo de 1927; fallecido un 23 de abril de 1993. Por su labor en favor de los campesinos americanos César Chávez está considerado como uno de los más importantes luchadores sociales de derechos para los campesinos en los Estados Unidos.

"El amor que tenemos dentro por la justicia, no es sólo nuestra mejor parte, sino también la que representa nuestra más pura naturaleza", dijo César Chávez, en una de sus citas más conocidas.

UN LUCHADOR POR LOS DERECHOS DEL INMIGRANTE *

* Tomado de: Guía de About.com
PorAlicia Civita

Aunque tras las elecciones presidenciales de 2012, la influencia política de los hispanos en Estados Unidos por fin está cobrando fuerza, todavía el único latino a quien se le celebra un feriado pagado en el país es el líder campesino César Chávez. A casi 20 años de su muerte, Chávez sigue siendo considerado el hispano que más poder ha tenido en la política del país, por su movimiento pacífico en defensa de los trabajadores del campo.

Irónicamente, también fue uno de los que más promovió la deportación de los indocumentados en su tiempo, llegando a instar a los miembros de su sindicato a denunciarlos ante las autoridades migratorias, por considerar que perjudicaban a los campesinos legales, por robarles trabajo y aceptar menores sueldos.

Como muchos hijos de inmigrantes, Chávez, creció inmerso en el mundo mexicano de su familia. Sus padres vinieron a Estados Unidos y se asentaron en Arizona. Desde los 5 años trabajó la tierra y ayudó a atender a los animales, hasta que su familia perdió la propiedad durante la Gran

Depresión. Comenzó una obligada vida de campesino migrante, detuvo su educación formal en el octavo grado; sin embargo a medida que se hizo mayor fue entendiendo que la educación era la llave para salir de la pobreza.

La forma irregular en la que sus padres perdieron sus tierras inspiró en Chávez un compromiso irreductible con la búsqueda de la justicia y una pasión por la defensa de los más vulnerables. A los 19 años se enroló en la Armada y sirvió por dos años. Por segregación racial, los hispanos enlistados sólo podían ser pintores o personal de limpieza. Chávez a menudo se refirió a esa etapa como la peor de su vida. Al abandonar la vida militar se casó con Helen, con quien tuvo ocho hijos.

*Chávez dio sus primeros pasos en el mundo de las organizaciones civiles en el grupo the Community Service Organization (La Organización de servicio comunitario). Con ésta organización su primera tarea, de muchas otras, fue el registro de votantes. En 1962 Chávez fundó the National Farm Workers Association (la Asociación nacional de trabajadores del campo) que luego se convirtió en la United Farm Workers (Unión de trabajadores del campo-**UFW**, por sus siglas en inglés).*

*Esto, al contrario de lo que muchos piensan, lo llevó a estar en contra de los indocumentados que cruzaban la frontera desde México, porque les quitaban empleo a los miembros de su sindicato y bajaban los salarios. Incluso llegó a organizar una iniciativa llamada la "**Wet Line**", en la que afiliados a su organización patrullaban el área desértica limítrofe para impedir el paso ilegal de los migrantes. Tras muchas otras huelgas, para el momento de su muerte -a los 66 años de causas naturales-, preparaba una protesta contra el uso de pesticidas en el campo.*

El presidente Bill Clinton le otorgó la Medalla de la Libertad, el máximo honor para civiles en EE.UU., en 1994. En California, el día de su cumpleaños -31 de marzo- es un feriado oficial; para el resto del país, el presidente Barack Obama lo decretó este año un feriado opcional.

Los que desconocen la lucha de César Chávez creen que su movimiento fue en favor de los indocumentados. Muchos líderes hispanos de hoy en día, que están a favor de la legalización de los inmigrantes sin papeles usan su imagen, sin darse cuenta que si bien la lucha del líder campesino fue muy válida no tuvo nunca nada que ver con los que cruzan la frontera ilegalmente buscando una mejor vida.

El Inmigrante y su Lucha

Siendo César Chávez un ciudadano Americano por nacimiento, pero de padres inmigrantes mexicanos, su liderazgo consintió en restringir la inmigración de trabajadores ilegales en el campo. Con éste fin, levantó protestas contra el empleo de migrantes mexicanos en el campo y apoyó la deportación por el Servicio de Inmigración y Naturalización de campesinos que rehusaban unirse al sindicato de campesinos, que él formó.

César Chávez siempre luchó, primordialmente, por la reivindicación de los derechos del trabajador agrícola como inmigrante ya establecido y la protección del mejor pago, trato y los derechos de los campesinos americanos sindicalizados. Por su persistencia logró éxitos como la terminación del "Programa Bracero", favoreciendo con ello ventajosamente a los trabajadores campesinos americanos.

En 1973 como un esfuerzo para impedir el cruce de inmigrantes indocumentados por la frontera con México, organizó a miembros del sindicato de campesinos UFW para trazar lo que se llamó la **"Wet Line" (la línea de los mojados)**, donde miembros del sindicato bloqueaban el paso de la frontera entre Arizona y Sonora en zonas inhabitadas del desierto; por este motivo actualmente se le compara como el "Minuteman" de nuestros tiempos.

La palabra **"Minuteman"** o "Minutemen" tiene su origen en los tiempos de las Trece Colonias, a la llegada de los ingleses al continente americano. Representaba a un grupo de personas ("hombres al minuto") que se unieron como una milicia, listos para pelear por las tierras ya robadas a los nativos, así les avisaran en cuestión de minutos.

En ésa época, la mayoría de las personas que eran reclutadas para conformar el "minutemen", eran ciudadanos extranjeros o los nacidos de una primera generación europea. El término también ha sido tomado por miembros de varias unidades de militares del ejército estadounidense, se usan en honor a las victorias de los "minuteman" originales.

En abril del 2005, un grupo de ciudadanos estadounidenses, con los mismos principios establecidos por el proyecto "minuteman", formaron un grupo para disuadir e impedir las travesías de indocumentados por la frontera de Estados Unidos y México. El proyecto se ha ampliado para incluir la frontera unida de Estados Unidos-Canadá también.

Además de vigilar físicamente la frontera, se unen en protesta política y a otras formas de activismo contra las expresiones cívicas de hispanos estadounidenses en las calles.

8

(VI) EN ESTE PAÍS LA MENTIRA, POR MÍNIMA QUE SEA, ES UN DELITO MUY GRAVE Y PENALIZADO; AUNQUE EN TU PAÍS SEA PARTE DE LA RUTINA DIARIA

===================================

"El que dice una mentira no sabe qué tarea ha asumido, porque estará obligado a inventar veinte más para sostener la certeza de esta primera." -Alexander Pope -

"Con una mentira suele irse muy lejos, pero sin esperanzas de volver." -Proverbio judío-

"Una mentira es como una bola de nieve; cuanto más rueda, más grande se vuelve." -Martin Lutero-

"Un vaso medio vacío de vino es también uno medio lleno, pero una mentiras a medias, de ningún modo es una media verdad." -Jean Cocteau-

"El castigo del embustero es no ser creído, aún cuando diga la verdad." -Aristóteles-

"Sólo las mujeres y los médicos saben cuán necesaria y bienhechora es la mentira." - Anatole France-

La Mentira Como Medio

Los inmigrantes provenientes de Cuba, desde 1966, gozan de beneficios de los que los emigrantes provenientes de ningún otro país puedan beneficiarse. Gracias a la **"Ley** de Ajuste", nacida al calor de la **Guerra Fría**, y con la intención de hacerle frente al comunismo que rige en la isla, permite que cada cubano, una vez que ponga un pie en tierra de los EEUU, se pueda quedar en el país por tiempo indefinido. A esta modalidad legal se le llama ley de "**pies mojados, pies secos**".

Al año un día de permanecer en el país, los cubanos obtienen la residencia permanente y, al cabo de cinco años, obtienen la naturalización.

Debido a la aceptada imposibilidad de poder obtener documentos legales de las oficinas gubernamentales, todo cubano para acreditarse ante las autoridades inmigratorias americanas, no requieren presentar ningún documento de identidad o pasaporte.

En caso de no contar con los documentos, que agilizarían el proceso, en los años 70 y 80 bastaba con la palabra y dos testigos que confirmaran que el ciudadano era de origen cubano.

Lamentablemente éste aparente simple proceso deja la puerta abierta a todo tipo de **fraudes inmigratorios**. El ciudadano cubano viene a los Estados Unidos en busca de la libertad y otros beneficios con los que no cuenta en su Cuba. Sin embargo el deterioro social que también afecta a otros países motiva la migración de sus ciudadanos hacia los Estados Unidos en búsqueda del "sueño Americano", al igual que los cubanos.

Al encontrarse con realidades, y leyes, que considera difíciles de sobrepasar, el inmigrante desesperado, con una mentalidad errónea, opta por tomar una salida aparentemente factible. El **mentir** se convierte en una opción realizable, craso error. La mano de la justicia siempre llega. Al acudir a algún referido "tramitador", de los muchos que existen, recibe orientación errada, generalmente a cambio de una "inversión". Mal orientado, el inmigrante completa aplicaciones legales que al ser presentados a los organismos gubernamentales y de detectarse datos falsos, la actividad se considera un delito.

Muchos inmigrantes ven en las leyes americanas salidas que creen poder usar a su favor, mejor aún si les sirve para convencer a incautos y poder recabar dinero por gestiones aparentemente legales y/o indetectables. Error garrafal considerando las estrictas regulaciones y procedimientos que toma la justicia para hacer cumplir las leyes que se osa evadir.

Aquí en los Estados Unidos no siempre se cumple el dicho muy usado "hecha la ley, hecha la trampa". Si no valoremos el siguiente caso.

UN HECHO *

* Miami (CNN) — por Kim Segal y Sara Ganim
viernes, 09 de agosto de 2013

Lo único que Luis tuvo que hacer para iniciar el proceso para convertirse en ciudadano de Estados Unidos fue entregar un certificado cubano de nacimiento a los funcionarios de migración. "Comencé recibiendo mi permiso de trabajo, fui al DMV (Departamento de Vehículos de Motor), obtuve mi licencia de manejo y después mi número de seguridad social y eso fue todo", dijo.

Esos son privilegios de los que sólo gozan los cubanos que huyendo del régimen castrista llegan a Estados Unidos en busca de asilo. Sin embargo, Luis, no tenía derecho a recibir esos privilegios, pues es venezolano. El certificado de nacimiento falso le costó 10,000 pesos y fue suficiente para pasar el escrutinio inicial y pudo vivir en EE.UU. sin problemas durante años.

El caso de Luis no es único. En Cuba, los certificados de nacimiento todavía no están computarizados, se arrancan de un libro y la información se llena a mano antes de ser registrados.

Todo cubano recibe el documento de naturalización, la green card, después de permanecer en EE.UU. por más de un año, un periodo más corto que el que enfrentan los inmigrantes de otros países.

Antonio, un vendedor de documentos falsos, dijo a un potencial comprador mexicano que le recomendaba llegar a EE.UU. en balsa, y que tratase de imitar el acento cubano. El cliente resultó ser un agente encubierto. Se acusó a Antonio de ser líder de una banda que vendió documentos falsos a por lo menos 50 inmigrantes ilegales, obtuvo ganancias superiores a los 500,000 dólares.

El año pasado Antonio se declaró culpable de conspiración en el fraude de inmigración y actualmente cumple una condena de 33 meses en una prisión federal.

*El aumento en las solicitudes de asilo por parte de cubanos llevó a la Oficina de Investigaciones del Departamento Seguridad Interior a revisar el proceso de solicitud que dio origen a **Operation Havana Gateway**, una iniciativa creada para "combatir la tendencia creciente de fraudes de inmigración basados en solicitudes falsas en relación con el nacimiento y la ciudadanía cubana".*

Esta investigación pudo haber generado la carta que recibió Luis por parte de las autoridades de migración solicitándole más documentos que avalen su origen. Dicho documento llegó cuatro años después de que Luis llegara a EU, tiempo en el que estableció un negocio, se casó y comenzó una vida en EU. Con pocas opciones, Luis decidió "deportarse él mismo" y regresar a Venezuela en lugar de ser acusado de un crimen.

Sin embargo, retomar su vida en casa como venezolano no funcionó, fue atacado y no se sentía seguro en su país natal. Por lo que decidió ingresar ilegalmente a EU el mes pasado, ahora vive como inmigrante indocumentado, con la amenaza de ser deportado si lo atrapan.

Eso es algo que Antonio nunca entenderá, pues cuando termine su sentencia en prisión, será liberado a las calles de Estados Unidos de nuevo porque a diferencia de sus compradores, él sí es cubano.

María

Como director de la fundación pude adquirir una valiosa experiencia por contacto personal, telefónico y por vía internet, con inmigrantes de diferentes países. La desorientación y, peor aún, la mala orientación era muy evidente; uno de los principales objetivos que tracé como principios de la fundación era claro.

Aquí surgió la idea de "Los Diez Mandamientos del Inmigrante" y posteriormente la necesidad de intentar plasmarlo en un libro, que sirva como orientación a ése inmigrante desorientado o mal orientado.

A colación del caso descrito en éste capítulo, viene a mi memoria lo sucedido a María, quien me visitó en la oficina de la fundación solicitando apoyo para resolver su caso. María, adulta joven por los 40s, lamentará en estos momentos el haber sido capaz de mentir al departamento de inmigración; no en una, sino en dos oportunidades.

Con 15 años de edad, María fue traída por sus padres a los Estados Unidos. Tras unos 20 años de clandestinidad cómo indocumentada, obtuvo la ansiada Residencia Americana por su matrimonio legal con ciudadano Americano y con un periodo de 5 años desde la fecha de su matrimonio, solicitó la Ciudadanía.

Tanto en el proceso de petición de cónyuge ciudadano Americano a inmigrante para la Residencia, como en la presentación de la solicitud para la Ciudadanía, se tienen que llenar múltiples aplicaciones.

En ambas solicitudes o peticiones una de las preguntas claves es: "¿Ha cometido algún delito dentro de los Estados Unidos hasta la fecha?, Si ◊ ó No ◊ ".

Se tiene que responder con sinceridad y sin temor. A María le entró temor, y con la seguridad de que su caso acontecido cuando contaba con 18 años, había sido archivado, contestó NO en las dos oportunidades.

Por serios problemas económicos familiares, falta de experiencia y exceso de confianza en un sujeto que la convenció de hacer dinero fácil, María cayó en las redes del negocio carnal. En la primera redada policial que combate tal delito, fue detenida y sometida ante un juez.

Con los atenuantes de haber sido timada por un delincuente con antecedentes, muy corto tiempo de labor, y servir como testigo, el juez determinó su libertad.

Si María hubiera marcado un SI en sus aplicaciones, a pesar de éste antecedente, bastaba con presentar el dictamen del juez. Hoy sería ciudadana Americana.

El hecho de haber mentido la primera vez y obtuviera la Residencia, en la aplicación para la Ciudadanía hubiese sido disculpada; siempre y cuando hubiese puesto un SI en la segunda aplicación.

El oficial de inmigración que la entrevistó para la Ciudadanía, contaba con los mismos datos en su computadora, que obtuvo el otro oficial en la entrevista para la Residencia. A María, el Departamento de Inmigración de los Estados Unidos, le ofrecía una segunda oportunidad de decir la verdad.

Actualmente, no solo no tuvo la Ciudadanía, sino que perdió la Residencia y se encuentra en su país de origen con prohibición permanente de entrada a los Estados Unidos. Todo como consecuencia de un proceso de deportación ejercida en su contra por mentir.

Corregir Errores

Se narran dos casos de los miles que, con toda seguridad existen, y se seguirán presentando entre los inmigrantes que pecan de ingenuidad creyendo ingenuas a las autoridades y leyes americanas.

Un inmigrante que haya sido detenido desde la primera vez por una infracción criminal, por una falta al código de asistencia social o incluso por una infracción de tránsito, debería buscar asistencia de un abogado con ejercicio en el área de la Defensa Penal, Civil y de Inmigración. El inmigrante no debe pretender ejercer su autodefensa, sin asesoría legal, pues al desconocer los principios legales, como lo hemos presentado, hasta una simple o piadosa mentira puede ocasionar un caos para el inmigrante y su familia entera.

Como responsable de la atención personalizada del inmigrante que acudía a la fundación a solicitar alguna orientación o apoyo inmigratorio, atendía un promedio de 60 casos mensuales, cada cual más complicado que el otro. Gracias al apoyo desinteresado de unos tres honestos abogados de inmigración, la mayoría de los casos los derivaba hacia ellos. Una gran parte de mi labor consistía en el apoyo para el llenado de aplicaciones a presentarse al Departamento de Inmigración, incluyendo para el proceso de Naturalización.

Podría afirmar que un tercio de las consultas que atendía era en base a la pretensión de sostener una mentira. Se me hacía muy difícil tratar de convencerlos el no escoger ese errado camino y aconsejarles que obtengan la paciencia necesaria ante la espera de una reforma inmigratoria; aquellos preferían no regresar más, se perdían en el panorama obscuro de la mala orientación.

Tipos de Inmigrantes

Los inmigrantes presentes en los Estados Unidos son clasificados en dos categorías diferentes para efecto de los procesos de **deportación**:

a. Aquellos inmigrantes que **ingresaron legalmente** y están presentes después de haber sido inspeccionados y admitidos por un oficial de inmigración, en los puertos, aeropuertos o fronteras terrestres. Deben permanecer por el tiempo determinado por el oficial de inmigración a su entrada. Están sujetos a los motivos de deportación: al vencimiento de la fecha de su permanencia, razones criminales o por razones de seguridad.

b. Aquellos inmigrantes que ya están presentes en los Estados Unidos y que **ingresaron ilegalmente** sin ser inspeccionados, admitidos o con **admisión** condicional por parte de un oficial de inmigración. Son considerados inmigrantes solicitando admisión, por lo tanto, para efecto de procesos de deportación, están sujetos a los motivos de **inadmisibilidad**.

Todo extranjero que solicita una visa para los Estados Unidos, está solicitando su **admisibilidad**. El oficial de inmigración de aduanas tiene la potestad de prohibir el ingreso a los Estados Unidos a cualquier persona que considere inadmisible, aún cuente con algún tipo de visa vigente. La decisión del oficial de admisión en la puerta de entrada a los Estados Unidos es inapelable. De no permitir la admisión, al pasajero no le queda otra alternativa que tomar, de inmediato, la vía de llegada como vía de retorno a su lugar de origen.

Cuando el abogado acepta la defensa de un inmigrante toma muy en cuenta las diferencias que existen entre las dos categorías. Los motivos de inadmisibilidad son similares a los motivos de deportación; sin embargo los castigos no siempre expresan las mismas penalidades, son mucho más duras para la segunda categoría. Los que ingresaron ilegalmente pueden ser considerados inadmisibles de por vida.

Así, un inmigrante deportado por exceder desde un día hasta en 364 días su permanencia autorizada por inmigración, estará prohibido de reentrar a los Estados Unidos durante un periodo de 1 a 5 años. Si el exceso de la permanencia va más allá de un año, la prohibición puede llegar a ser de 5 a 20 años.

Si el inmigrante entró ilegalmente, puede resultar en la prohibición permanente para reentrar a los Estados Unidos bajo cualquier tipo de visa (inmigrante o no inmigrante).

Los **motivos de inadmisibilidad** pueden basarse en 4 razones diferentes:
1) Salud

2) Carga Pública
3) Razones criminales
4) Razones de Seguridad Nacional

Las soluciones para los procesos de deportación han sido limitadas seriamente, sobre todo para los causales de inadmisibilidad por razones criminales y por seguridad nacional.

9

(VII) AQUÍ SE PRACTICA LA HONRADEZ Y LA HONESTIDAD NO SOLO COMO VIRTUDES O CUALIDADES, SINO COMO UN DEBER. AUNQUE, POSIBLEMENTE, EN TU PAÍS TALES PALABRAS NO EXISTAN NI EN EL LÉXICO DE ALGUNOS DIRIGENTES

==

"Espero tener siempre suficiente firmeza y virtud para conservar lo que considero que es el más envidiable de todos los títulos: el carácter del hombre honrado."

-George Washington-

"La honestidad es la mejor política."

-Benjamin Franklin-

"Lo que las leyes no prohíben, puede prohibirlo la honestidad." -Lucio Anneo Séneca-

"Sólo hay una forma de saber si un hombre es honesto: preguntárselo. Y si responde "sí", entonces sabes que está corrupto." -Groucho Marx-

"El secreto de la vida es la honestidad y el juego limpio. Si puedes simular eso, lo has conseguido." -Groucho Marx-

"Los hombres viciosos procuran disimular sus faltas con apariencias de honradez." -Confucio-

Honradez y Honestidad

Ser **honrado** es una obligación adquirida con la sociedad. Cumplir con las normas, las leyes, que nos vinculan con los demás, y que facilitan una convivencia más tranquila.

Ser **honesto** es la búsqueda del yo personal, un intento íntimo de ser coherente. Un empeño en la autocrítica. Decir siempre la verdad. Ser honesto es tener la capacidad de poder contestar a preguntas con sinceridad en tal forma que, al hacerlas, uno ya se las hizo y las contestó a solas muchas veces, tras meditar por horas.

La honradez te permite dormir por la noche a pierna suelta. La honestidad te hace pasar noches en vela.

En su gran mayoría las personas que tomaron la decisión de migrar a los Estados Unidos, lo hicieron porque sus gobernantes y autoridades que los representan carecían de honradez y honestidad.

La ausencia de estas dos cualidades origina la corrupción y a consecuencia de ello la desconfianza, el rechazo y la protesta, llegando al conflicto social. Lo más grave de ello conlleva a la implantación de ideologías erróneas, la inseguridad social y hasta a las guerras civiles. Motivos suficientes a fin de provocar la búsqueda de nuevos horizontes para el núcleo familiar.

El peor error que puede cometer un inmigrante en los Estados Unidos es portar en su **"disco duro"** las malas costumbres que trae de su país y pretender utilizarlos aquí. Si tomó la decisión de emigrar de donde no existe la honradez y honestidad, mal haría en pretender ser deshonesto y falto de honradez en el país que lo acoge.

A diferencia de muchos de nuestros países, en los Estados Unidos las personas que cometan delitos con falta de honradez y/o con deshonestidad son consideradas criminales. No importa la posición política, económica, raza, religión, condición inmigratoria, ni aún el cargo que ocupe en el gobierno; cualquiera es tratado por igual. Bueno, peor les va a los funcionarios públicos de cualquier nivel.

Es pertinente tener en cuenta que el que comete un delito es penalizado con todo el peso de la ley. En cambio el que enaltece una virtud con su accionar, será reconocido. Narramos a continuación dos casos, opuestos uno al otro.

LO BUENO *

* Por David Martinez
Lunes, 14 de octubre 2013   La Vanguardia.com

Cuando Ed se olvidó en el asiento trasero de un taxi en Nueva York, en el interior de un maletín, joyas y billetes de su propiedad valorados en más de 100.000 dólares nunca pensó que volvería a verlos. Sin embargo, en una ciudad que vive de forma tan vertiginosa y donde se cruzan a diario miles de personas ricas junto con otras que sufren para ganarse la vida de forma honrada y con esfuerzo todavía hay casos de honestidad como el del taxista Joseph.

La honestidad de este taxista, que gana 300 dólares brutos a la semana en turnos de 12 horas, se confiesa musulmán y es originario de un país africano, ha devuelto la sonrisa a Ed porque éste ha recuperado las joyas y el dinero que le pertenecían.

Joseph dijo al Diario New York Times, que llevó el maletín a casa y mostró el tesoro a su esposa, pero luego lo guardó bajo llave en su closet. "Esto no me pertenece".

El hombre de 42 años de edad, un inmigrante, que se mudó a los Estados Unidos desde su país natal, en 1998, declaró a los periodistas que habría ido en contra de su fe musulmana si se hubiera apropiado de algo que no le pertenece.

El honrado taxista llamó a la policía y devolvió el maletín. Ed, el dueño del "tesoro", logró contactar a Joseph usando el recibo que este le entregó al bajarse del taxi.

El taxista se encontró con Ed fuera del club, donde olvidó el hombre su tesoro y le devolvió todos los objetos de valor. Tras su gesta, Ed gratificó al trabajador con una recompensa de 1,000 dólares, que Joseph recibió a "regañadientes". También rechazó una invitación para la fiesta de San Valentín invitado por Ed ya que es en contra de su religión asistir a un evento donde se sirvan bebidas alcohólicas.

No es la primera vez que un caso de honestidad ennoblece la profesión de taxista en Nueva York. En los últimos cinco años, la policía de la ciudad reconoce más de un centenar de casos en los que los taxistas han devuelto dinero y objetos perdidos, como un violín Stradivarius valorado en casi un millón de dólares, a sus dueños.

"Incluso en la capital del capitalismo hay historias humanas que nos hacen reflexionar sobre los valores", ha asegurado un policía de la ciudad.

LO MALO *

* Por MichaelVásquez
mrvasquez@miamiherald.com

Elías, es el director ejecutivo, con mucha influencia política, de un privado college, pero también es un individuo con un pasado criminal. El aparente fracaso de Elías de reconocer sus antiguos encuentros con la ley, incluso en declaraciones juradas al gobierno, ha conllevado ahora a una serie de cargos criminales.

Los fiscales de Miami-Dade acusaron a Elías, de 44 años de edad, de dos cargos de perjurio, un cargo menor y un cargo de brindar información falsa en una declaración jurada, lo cual constituye un delito en tercer grado.

Los fiscales también han colocado a Elías bajo escrutinio, debido a un asunto no relacionado, al encontrarle vínculos cercanos con el antiguo alcalde de Homestead, quien fuera arrestado en agosto por cargos de corrupción. El arresto del alcalde no involucra directamente a Elías pero la esposa del alcalde trabajó como agente de bienes raíces en una controversial negociación de terrenos en la que el College iba a adquirir una propiedad de la ciudad con un descuento considerable.

Los nuevos cargos criminales en contra de Elías, son producto de dos incidentes distintos en los que, según alega la Fiscalía, Elías mintió al negar tener un historial criminal, a pesar de un arresto en 1990 por asalto sexual en segundo grado a un menor. En ese caso, Elías eventualmente ingresó una declaración de "no lo contenderé" ante una fechoría menor de agresión y exponer sus genitales a un menor. Elías fue sentenciado a seis meses en una cárcel de Wisconsin.

Cuando Elías compareció ante la Comisión sobre la Educación Independiente de la Florida –un organismo que *supervisa las universidades con fines de lucro, tales como la que él dirige– no mencionó el caso de Wisconsin. Omitió su pasado en las aplicaciones tanto en 2011 como en 2012, dijeron las autoridades, al seleccionar "no" al responder si alguna vez había sido arrestado o acusado criminalmente.*

Los fiscales alegan que en esos mismos formularios del estado, Elías no incluyó un arresto del 2002 en Miami por agresión agravada.

El Inmigrante y la Deportación

Dos situaciones como las narradas, corresponden en forma contradictoria, como "cara y sello" en una moneda de dignidad. Lo honrado y honesto por un lado y lo deshonrado y deshonesto por el otro. Joseph merece el reconocimiento y respeto ganado; mientras que Elías será sometido a las leyes, y la justicia hará pagar sus errores.

Existe una firme política a favor de la deportación de aquellos inmigrantes que debido a una actividad criminal, se considere están infringiendo las leyes de inmigración.

Por cuestiones de seguridad y un mejor control de migración, tras el 9-11, la división del Servicio de Inmigración y Control de Aduanas (**ICE**: Immigration and Customs Enforcement) del Departamento de Seguridad Nacional de los Estados Unidos trabaja en conjunto con las agencias de orden público federales y estatales.

Actualmente, cualquier inmigrante que haya cometido una infracción criminal, vehicular o del código de asistencia social, queda bajo custodia federal o estatal una vez arrestado. ICE será notificado de su arresto y una "detención" de inmigración será implementada para prevenir la liberación del inmigrante al pagar fianza penal.

El asesinato, robo, tráfico o posesión de drogas (incluso en cantidades limitadas), abuso infantil, abuso sexual y violación, son crímenes graves. Al cometerlos, hacen que una persona esté sujeta a detención obligatoria, por lo penal; y a su deportación con la prohibición permanente de la reentrada a los Estados Unidos, por inmigración. No hay lugar a defensa o amparo, incluyendo la salida voluntaria.

Otras ofensas menos graves pueden tener como resultado una conclusión de "falta de buena naturaleza moral". Esto limita las posibilidades de reparación discrecional por parte de un juez de inmigración incluso si existe alguna dispensa, apelación o defensa para el motivo particular de deportación.

Lo mencionado corresponde a un inmigrante "legal" con residencia permanente; para los inmigrantes "ilegales" o indocumentados, salvo muy rarísimas excepciones, la situación se les complica aún más. Ellos tienen que contar con su derecho de admisibilidad ejercido, para ser tratado casi con igualdad; como con el residente o ciudadano americano, en ése orden y con mucha diferencia en el manejo del caso específico.

Se afirma que todo inmigrante indocumentado que haya cometido un delito, primero cumple por lo penal o civil, luego se tendrá que enfrentar al juez de Inmigración ante una deportación, inminentemente. Hay que recordar siempre que cualquier acto que implique bajeza moral es un crimen y hace que un inmigrante sea inadmisible y esté sujeto a un proceso de deportación.

Como se ha venido reiterando, todo inmigrante debe contar con un abogado para su defensa de inmigración la cual debe iniciarse inmediatamente después del arresto del inmigrante y continuar durante la fase del enjuiciamiento penal, federal o estatal.

Si la detención de un inmigrante bajo custodia estatal, enfrentando un juicio penal, exige que el inmigrante permanezca bajo la custodia del estado durante un largo período de tiempo en la cárcel, el inmigrante debe aceptar este hecho y permanecer calmado. Durante este período, el abogado de defensa penal de inmigración tratará de obtener una sentencia anticipada que no ponga en peligro el derecho del inmigrante a vivir y trabajar en los Estados Unidos, al concluir su pena. El objetivo del abogado es evitar la deportación.

Según un informe del grupo conservador Americas Majority Foundation del 2008, las tasas de criminalidad son más bajas en estados con la más alta tasa de crecimiento de la inmigración. Desde 1999 al 2006, la tasa total de criminalidad declinó 13.6 por ciento en los 19 estados con más alta tasa de inmigración, en comparación con una declinación de 7.1 por ciento en los otros 32 estados.

Existen muchos datos estadísticos, como los expresados, que mantienen una evidencia clara del aporte positivo de la inmigración a cualquier país receptor. Pero existe una **"economía subterránea"** que no está bajo el control del gobierno, es la que se genera por el trabajo del inmigrante indocumentado. En esa economía participan empleadores y empresas legales que no siempre evidencian sus ganancias en su declaratoria de impuestos.

La gran desesperación lleva al inmigrante a cometer fraude documentario para intentar lograr el empleo u otros beneficios, incluyendo inmigratorios. La falta de honradez lo deshonesto y la mentira, imperan en ese mundo sombrío.

Si esa "economía subterránea" se pusiera a trabajar visiblemente, la situación sería muy diferente a la que se vive actualmente. Una reforma inmigratoria comprensiva se hace necesaria. Los inmigrantes que mueven esa economía se encuentran con un temor constante a la "migra", viven en la clandestinidad y no aparecen en las estadísticas oficiales; sólo se les toma en cuenta como dato estadístico cuando el inmigrante ha cometido algún delito.

Muy a menudo este tipo de inmigrantes son difíciles de identificar debido a que se encuentran sin documentos y con miedo a ponerse en contacto con las autoridades. De hecho, la mayoría de veces los propios inmigrantes buscan invisibilidad para escapar de la atención oficial o de las amenazas hacia ellos mismos o hacia sus familias.

En los últimos años nuevas regulaciones han complicado más la situación al permitir una mayor "invisibilidad" del inmigrante indocumentado. Al ser materialmente imposible acceder a una licencia de conducir, millones de inmigrantes que anteriormente podían contar con ella, se han ocultado ante las leyes.

Se ha empeorado el control en el tráfico automotor, se han incrementado los delitos y, por consiguiente, el riesgo del ciudadano común e inocente. El indocumentado tiene que "resolver" a fin de asegurar el sustento de su familia y se atreve a conducir un auto sin licencia.

10

(VIII) EL DERECHO UNIVERSAL A LA LIBERTAD QUE TE OFRECE ESTE PAÍS, NO TE PERMITE EL LIBERTINAJE

======================================

"La libertad, cuando empieza a echar raíces, es una planta de rápido crecimiento." -George Washington-

"Somos servidores de la ley, a fin de poder ser libres."
-Cicerón-

"Cuando los gobiernos temen a la gente, hay libertad. Cuando la gente teme al gobierno, hay tiranía."
-Thomas Jefferson-

"La libertad no es hacer lo que quiero, sino es poder decidir y hacer lo que es correcto." -Christian Wagner-

"La libertad es el derecho a hacer lo que las leyes le permiten." -Montesquieu-

"La libertad es, en la filosofía, la razón; en el arte, la inspiración; en la política, el derecho." -Víctor Hugo-

Libertad y Libertinaje

La **libertad** en principio, está vinculada a la facultad que posee todo ser vivo para llevar a cabo una acción de acuerdo a su propia voluntad.

El ser humano no goza de una libertad absoluta porque prefiere la comodidad de ser protegido y que alguien le organice la vida. Si un lobo intenta arrebatarle un trozo de carne a su líder, éste le recordará con un ataque por qué ocupa ese puesto en la manada; en cambio, los seres humanos confiamos este tipo de situaciones a un sistema de justicia. El mismo que criticamos negativamente cuando no lo necesitamos o consideramos ser adversa a nosotros.

Libertad es la facultad natural que tiene el hombre de obrar de una manera o de otra, o de no obrar. Un ser libre no está atado a la voluntad de otros de forma coercitiva. La libertad dentro de un marco legal garantiza el respeto por la voluntad individual e implica que cada uno debe hacerse responsable de sus actos.

La libertad individual debe ser protegida por el Estado. Ninguna persona puede coartar la libertad del prójimo; de lo contrario, las autoridades competentes deben actuar para castigar al responsable. La libertad como desaparición de opresión significa no querer subyugar ni ser subyugado, e implica el fin de un estado de servidumbre.

Libertinaje es ejercer libertad absoluta, lo cual nos lleva inevitablemente al descontrol social, a la ausencia de orden. Pretender ejercer el libertinaje conlleva a cometer delitos, siendo penado por las leyes que rigen un país de libertad.

El libertinaje constituye aquellas acciones, conductas y comportamientos que son considerados inmorales, que no respetan la ley y que tienen por objetivo la búsqueda de la satisfacción inmediata de algún deseo. Se cometen sin importar la manera de llevarlas a cabo, ni las consecuencias como tales acciones afectarán al resto de los miembros de la sociedad. El libertinaje comparte ciertos elementos con la idea de libertad, pero, sin duda porta una carga negativa ya que implica desenfreno e inmoralidad.

El libertinaje hace perder la libertad a quien lo comete. Las leyes que se elaboran en los países organizados democráticamente castigan el libertinaje con la pérdida de la libertad.

Estados Unidos es considerado, a nivel mundial, el país líder en libertad y democracia, entre otros tópicos. Estos principios básicos quedan establecidos, primordialmente, dentro de su Constitución. Sin embargo el cumplimiento de las leyes inmigratorias, si bien es cierto determina detención a todo aquel que incumpla sus normas; también en forma indirecta provoca la privación de la libertad, por ejemplo, de muchos niños ciudadanos Americanos. El único delito cometido por miles de niños en tal condición, es el ser hijos de inmigrantes indocumentados.

¿Estos **niños inocentes** tienen que ser deportados también junto con sus padres a pesar de ser Ciudadanos Americanos?

Un Problema y su Solución

Como Médico Cirujano, opino que se puede ofrecer una alternativa médica para resolver el dilema inmigratorio en que se encuentra en estos momentos esta gran nación.

Problema:

Inmigración Ilegal >>> "A big-big head pain"

Solución:

(A) Extirpación Quirúrgica >>> "Deportaciones"
("eliminación de órganos")

(B) Tratamiento Clínico >>> "Reforma Inmigratoria"
("curación de órganos")

¿La alternativa más racional?

Cada inmigrante es un "órgano" en cualquier país que lo acoge y como tal un elemento necesario del sistema, no sólo para el desarrollo económico sino indispensable para mantener el equilibrio (homeostasis) socio-económico del sistema, en este caso, llamado Estados Unidos.

¿Qué pasaría si se extirpa un órgano?, simplemente se rompe el equilibrio "socio-económico" del sistema del cual forma parte. Lo que se necesita hacer es "curar" el órgano afectado para que siga "trabajando" y así contribuir al mantenimiento del equilibrio "socio-económico" del sistema en el cual está incluido, formando parte del todo.

Una solución con tinte anatomo-funcional del problema inmigratorio, que aún los congresistas americanos no toman en cuenta; a pesar de la gravedad del caso.

Si bien es cierto que el emigrante tuvo la libertad de decidir emigrar a los Estados Unidos; mientras su admisión y su permanencia haya sido legal el inmigrante tuvo la libertad de desenvolverse aquí con plena libertad. Lamentablemente comete libertinaje cuando pretende evadir las leyes, ignorándolas, con la creencia que su libertad está asegurada. Cualquiera fuese su situación legal, tarde o temprano, será detectado y sometido a la justicia.

Lo justo lo establecen las leyes, lo injusto no está reglamentado. Si se evade la ley, la justicia lo castiga; pero no siempre se considera justa una acción legal tomada contra una persona. Muchas veces la justicia ha tenido que enmendar sus errores corrigiendo lo injusto. Esto es los Estados Unidos de América.

El inmigrante indocumentado puede haber cometido muchos delitos, no observa una "buena conducta moral"; los tiene que enmendar al ajustarse a las leyes establecidas y cumplir con las penas que la justicia le imponga. Si ese inmigrante ya estableció "raíces" aquí, ¿es justo que reciba el mismo trato? Tiene hijos menores de edad, miles ya nacidos aquí, hijos adultos pero que fueron niños cuando fueron traídos y esposo/a, padres y otros familiares posiblemente ya legalizados, incluso ciudadanos americanos.

La interrogante de lo justo adquiere una mayor dimensión si se trata de un inmigrante indocumentado; sí, pero de "buena conducta moral". Otra interrogante surge: ¿es justo que sus familiares, sus "raíces", paguen la misma pena, sufran la desintegración familiar?

Los políticos tienen la palabra y la decisión de tomar medidas legales más humanizadas a fin de evitar el sufrimiento no solo del que comete errores sino de sus "raíces".

Cecia y Ronald se encuentran ahora privados de su libertad de acceder al abrazo de sus padres, poder sostenerse en un núcleo familiar, poder continuar con su vida normalmente. Están sometidos a un castigo sin haber cometido ningún delito; aquí su historia:

Libertad con Sufrimiento *

* Miami (AP) por Gisela Salomon   10- 12- 2013

Un inmigrante nicaragüense sin papeles que había sido detenido por manejar sin licencia de conducir fue deportado a su país y sus dos hijos menores quedaron en Estados Unidos sin ninguno de sus dos padres. Su esposa, la madre de los niños, previamente había sido repatriada a la nación centroamericana en el 2009.

Sosa, que vivía en Estados Unidos sin papeles desde 1995 y acababa de cumplir 46 años, fue detenido el 8 de agosto. Su esposa, Marisela Sosa, había sido deportada casi cinco años atrás por haber permanecido en el país ilegalmente durante 12 años. El matrimonio tiene dos hijos: Cecia, de 17 años, y Ronald, de 14, que quedaron en Estados Unidos viviendo con una guardiana legal amiga de la familia porque consideran que aquí tienen un mejor futuro.

"Es un tiempo muy difícil para mí y mi familia. Yo y mi hermano decidimos quedarnos aquí por el bien de nuestro futuro", expresó Cecia, quien llegó a este país cuando tenía 18 meses y desde entonces no ha viajado a su natal Nicaragua. Ronald, el hijo menor, nació en los EE.UU. Sosa era el único sustento económico y emocional de los jóvenes. El caso ejemplifica la división familiar que enfrentan miles de niños, muchos de ellos estadounidenses, cuyos padres sin papeles son deportados o detenidos.

Un estudio del Centro de Investigación Aplicada, una organización no gubernamental que busca la equidad racial, alrededor de 5.100 niños estadounidenses de padres sin papeles que fueron detenidos o deportados, vivían en hogares sustitutos en 2011. Otros 15.000 chicos podrían terminar en casas sustitutas hasta 2016 si continúa el ritmo elevado de detenciones y deportaciones, según el informe publicado en noviembre de 2011. Aunque no existen estadísticas oficiales, activistas y expertos de inmigración estiman que unos 200.000 padres de niños estadounidenses han sido deportados entre 2010 y 2012.

Cecia ha solicitado los beneficios de una **medida ejecutiva** aprobada por Obama que detiene la repatriación de jóvenes que llegaron de niños al país y les permite *obtener un permiso de trabajo, y espera que pronto se apruebe la reforma migratoria para que pueda ir a Nicaragua a visitar a sus papás.*

Los chicos, que dejaron de ir a la escuela cuando su padre fue detenido y debieron desalojar el departamento en el que vivían porque no pudieron pagar los 950 dólares de alquiler en agosto, piensan volver a clases pronto.

La Sra. Nora Sándigo que se ha ofrecido como guardiana de Cecia y Ronald dijo que con su esposo y sus dos hijas -de 16 y 14 años- los albergarán en su casa como si fueran dos hijos más.

Niños Inmigrantes: Dreamers

Es nuestra obligación moral apoyar y seguir ejemplos como el que nos deja la Sra. Nora Sándigo. Me siento muy halagado conocerla como una admirable activista social, y me enorgullece el haber compartido momentos de desasosiego en apoyo de los inmigrantes, sobre todo los niños de padres indocumentados.

El noble acto de la Sra. Nora Sándigo constituye una demostración muy contundente de lo que se debe hacer en defensa de los derechos constitucionales de niños, como Ronald, ciudadano americano, en amparo de la Novena, Décima y Catorce Enmienda de la Constitución Americana y del Artículo 12 de la Declaración Universal de los Derechos Humanos. Miles de niños, como Ronald, que son Ciudadanos Americanos enfrentan un gran e irreparable sufrimiento resultado de la deportación de sus padres y extrema penuria por el rompimiento de la unidad familiar. Se estima en más de 4 millones de niños estadounidenses con padres indocumentados.

Muchos de estos niños son también "dreamers", al igual que aquellos niños hijos de padres indocumentados, pero que no nacieron aquí. Como Cecia, forman parte de los millones de indocumentados, en espera de una salida a la encrucijada en que se encuentran, sin proponérselos.

En los últimos 6 años se calcula que alrededor de 1.6 millones de indocumentados ya han sido deportados del país, y que poco más de mil personas "sin papeles" son expulsados a diario. Según datos de expertos, de continuar este ritmo de deportaciones por el año 2016 existirían unos 15,000 a 20,000 niños, ciudadanos americanos, en hogares sustitutos.

Órdenes Ejecutivas

El gobierno del presidente Obama viene ejecutando tres medidas administrativas con la intención de crear un impacto positivo en la población indocumentada.

a) La primera medida, anunciada en Agosto 15 del 2011, conlleva a la revisión de los procesos de unos 300 mil casos de deportación.

b) La segunda, anunciada en los primeros días de Enero del 2012 y que afecta a indocumentados cónyuges con hijos menores de edad ciudadanos estadounidenses, a quienes no les caerá el peso de la denominada Ley del Castigo y beneficiaría la reunificación familiar.

c) La tercera, dada a conocer en Junio del 2012, detendría la deportación de millones de jóvenes sin papeles que se conocen como "dreamers". Un grupo especial de inmigrantes indocumentados. Son los que buscan el "**Sueño Americano**".

Los **"dreamers"** son jóvenes que fueron traídos por sus padres cuando eran niños y que viven en el país sin autorización legal. El tercer programa gubernamental permitiría suspender las deportaciones de inmigrantes sin papeles que sean menores de 30 años y cumplan con algunos requisitos. Principalmente, no haber cometido crímenes.

Se calcula que hasta 1.7 millones de jóvenes podrían ser aptos para beneficiarse de la tercera prerrogativa presidencial. Todos en espera de un proyecto de ley más, estancado en el Congreso, el Dream Act.

El presidente Barack Obama se encuentra en un serio dilema: la presión popular a favor de una reforma migratoria, por un lado y, por otro, la presión política ejercida por los republicanos quienes la rechazan.

Es improbable la posibilidad de que su gobierno pueda suspender, a la brevedad, las deportaciones de indocumentados que no estén considerados dentro de los tres programas, por él creados. El mismo Presidente Obama afirmó que sería "muy difícil de defender" aquello con argumentos jurídicos. Numerosos legisladores republicanos sostienen que Obama abusó de su autoridad para suspender en el 2012 por vía administrativa la deportación de los "dreamers".

Hay que tener en cuenta que el Presidente de Estados Unidos tiene la facultad de dar **órdenes ejecutivas** que son decretos promulgados por el jefe de la rama ejecutiva del gobierno federal. Las órdenes ejecutivas tienen el mismo peso que una ley. Cuando un presidente emite una orden ejecutiva, puede modificar las prácticas de las agencias administrativas (rama ejecutiva), puede establecer tratados, o cambiarlos y hasta reforzar los reglamentos legislativos siempre y cuando no vayan en contra de la Constitución de Estados Unidos.

El poder del presidente para promulgar estos decretos proviene de una interpretación de la Constitución de Estados Unidos; de hecho, las órdenes ejecutivas comienzan con la frase: *"En virtud a la autoridad que me ha sido conferida como Presidente por la Constitución y las leyes de Estados Unidos de América..."*

Muchas veces los presidentes de Estados Unidos emiten órdenes ejecutivas para evadir al Congreso y el proceso de leyes. A pesar de que eso contradice las bases constitucionales, hay formas en las que el presidente puede terminar con la última palabra.

Si el Congreso no logra ponerse de acuerdo en la implementación de una ley, la responsabilidad cae sobre las respectivas agencias federales afectadas por la medida, y el principal encargado de las agencias federales es el presidente de Estados Unidos. Si la ley aprobada por el Congreso no es suficientemente clara o específica, una orden ejecutiva del presidente muy bien podría establecer la dirección e implementación de la misma.

Una forma en la que el Congreso puede imposibilitar la implementación de una orden ejecutiva es el control de su financiamiento. Sin embargo, los legisladores también pueden enmendar la ley o explicarla mejor. En ese caso, existe la posibilidad de que el presidente vete la medida, y su revocación requeriría el respaldo de una mayoría de dos tercios en el Congreso. Es más difícil que los legisladores consigan modificar una orden ejecutiva con este recurso.

Las órdenes ejecutivas también pueden terminar en un proceso judicial, si la Corte Suprema las declara inconstitucionales o si son consideradas un exceso de los poderes constitucionales del presidente.

11

(IX) "BUEN CARÁCTER MORAL" ES UNA EXPRESIÓN QUE DEFINE LA CONDUCTA QUE TODA PERSONA QUE HABITA EN ESTE PAÍS, DEBE CONSERVAR. CÚMPLELA

==

"El carácter es aquello que revela sentido moral, que expone la clase de cosas que un hombre escoge o evita."
- Aristóteles-

"Las cosas que nos destruirán son: política sin principios; placer sin conciencia; riqueza sin trabajo; conocimiento sin carácter; negocios sin moral; adoración sin sacrificio..."
-Ghandi-

"El carácter más elevado es aquel que está dispuesto a perdonar los errores morales de los demás, como si él mismo fuera culpable de ellos cada día, y que tiene tanto cuidado de no cometer una falta como si nunca se las perdonara."
-Plinio el Joven-

"El buen carácter depende en conceder poca importancia a lo que a ti te afecta, y estimar en mucho lo que se refiere a los demás."
-Abubeker El Zobeidi-

"Por encima de todo hay una moral esencial que consiste en no hacer daño a nadie."
-Prevost-

"El brazo del universo moral es largo, pero se dobla hacia la justicia."
-Martin Luther King-

Buen Carácter Moral

El **carácter**, se logra mediante el **hábito** y no por naturaleza. Dichos hábitos nacen por repetición de actos iguales, en otras palabras, los hábitos son el principio intrínseco de los actos, aquel que acuñamos en el alma, con el tiempo. El carácter como personalidad es obra del hombre, es su tarea moral, es el cómo resultará su carácter moral para toda su vida.

La palabra **moral** tiene su origen en el término del latín "mores", cuyo significado es costumbre. Por lo tanto "moral" no acarrea por sí el concepto de malo o de bueno. Son las costumbres las que son virtuosas o perniciosas.

El hombre a través de su vida va realizando actos. La repetición de los actos genera actos y hábitos y determinan además las actitudes. El hombre, de este modo, viviendo, se va haciendo a sí mismo.

Podemos aproximarnos a la conceptualización de la palabra moral como la adquisición del modo de ser logrado por la apropiación o por niveles de apropiación, de experiencias, donde se encuentran los sentimientos, las costumbres y el carácter.

La ley de inmigración de los Estados Unidos no tiene ninguna definición clara sobre el **"buen carácter moral"**. Para inmigración, una persona que ha estado implicada en ciertos tipos de conducta mala o criminal no puede ser considerada una persona de buen carácter moral.

Cuando el inmigrante completa su aplicación para la Residencia, por medio de un programa de legalización, le toca demostrar que es una persona de buen carácter moral.

La misma circunstancia se le presenta cuando aplica a la Ciudadanía.

Todo aplicante a la Ciudadanía debe tener en cuenta que, en el proceso de verificación, inmigración observa con "microscopio electrónico" los datos acotados en la respectiva aplicación. Con toda seguridad que la aplicación para la residencia fue observada con "lupa".

En general, esto significa que no basta el hecho de no haber sido penalizado por el acto delictuoso cometido, ni pensar que, por el tiempo transcurrido, ya sea caduco; para inmigración son considerados delitos y se considera muy valioso que se anote en la aplicación para la residencia y la naturalización. El no incluirlos como acontecidos, tan tarde como en la primera entrevista, serán detectados. Podría costarle al inmigrante no solo la negativa para la ciudadanía, sino el inicio de un proceso de deportación. Más tarde aún podría suponer la **revocatoria de la Ciudadanía**.

Para inmigración **"buen carácter moral"** es no haber cometido delitos, en particular aquellos relacionados con prostitución, drogas, delitos de inmigración, o delitos que involucran falta de honestidad, como por ejemplo, robar o estafar.

Algunas circunstancias o **delitos** considerados como de no buen carácter moral para inmigración:
- ✓ los causales más comunes y simples son actos como un arresto o un fallo condenatorio por un delito,
- ✓ también el no brindar apoyo económico a los dependientes
- ✓ haber dado un testimonio falso
- ✓ las personas que han practicado la prostitución
- ✓ la comercialización del vicio
- ✓ el contrabando de inmigrantes

- ✓ las personas que con anterioridad fueron deportadas de los Estados Unidos
- ✓ los borrachos habituales
- ✓ haber cometido algún delito que involucra tener una conducta inmoral
- ✓ los inmigrantes que han cometido un delito implicando una sustancia controlada
- ✓ los inmigrantes que han cometido un delito con agravantes
- ✓ los sospechosos de ser traficantes de drogas
- ✓ toda persona que ha recibido múltiples fallos condenatorios donde las sentencias ascienden a un total de cinco años o más tiempo en la cárcel o en la prisión
- ✓ las personas con dos o más delitos involucrando apuestas
- ✓ las personas cuyo ingreso viene principalmente de las apuestas ilegales
- ✓ las personas que han dado un testimonio falso para obtener favores brindados a otros inmigrantes (como matrimonios ficticios)
- ✓ los inmigrantes que han estado en la cárcel o la prisión por un total de 180 días o más durante los 10 años que han estado en los Estados Unidos.
- ✓ no pagar para solventar económicamente a los hijos,
- ✓ no presentar declaraciones de impuestos estando obligado a hacerlo
- ✓ cometer fraude y/o dar falsa información para recibir o continuar recibiendo asistencia social u otros beneficios estatales.

A pesar de que el gobierno normalmente se fija en la conducta del inmigrante en los cinco años anteriores a la presentación de la aplicación, podría también considerar su conducta en cualquier período anterior.

Si al completar una aplicación no se enumera con cuidado todos los delitos, y el gobierno descubre esta situación, puede que considere que su aplicación contiene información falsa, lo cual podría implicar que se considere que usted no tiene "buen carácter moral".

LO FEO *

* *Telemundo NY - AP | Fecha: 24/05/2013*

Sin que se haya decidido aún la suerte de la reforma al sistema de inmigración de los Estados Unidos, ya son muchos los que buscan cómo sacarle jugo a este proceso.

En ciudades como Los Ángeles, Houston, Nueva York y Miami, tradicionalmente con gran población hispana y concentración de extranjeros sin documentos de estadía legal en el territorio estadounidense, han aparecido volantes y avisos de prensa en donde, por ejemplo, se lee: "Reforma migratoria, no te quedes fuera (…………....). Preparamos tus impuestos".

"Declara tus últimos tres años de impuestos, te ayudamos a conseguir número del **IRS** (siglas en inglés del servicio de rentas internas) para que aproveches la reforma", se lee en un periódico que circula en la zona hispana de la avenida Bellaire en Houston, Texas y que incluye el número de teléfono de un preparador de impuestos.

Con reforma o sin ella, con número de seguro social o sin él, con documentos de estadía legal o sin ellos, lo *cierto es que toda persona que obtenga ingresos derivados de un trabajo, ya sea empleado o que trabaje por su cuenta (self-employed) está obligado a declararlos, según las normas del IRS.*

Además, entre los requisitos que publica el Servicio de Ciudadanía e Inmigración de los Estados Unidos (USCIS, por sus siglas en inglés) para finalizar con éxito un proceso de inmigración a este país está justamente el de que "debe demostrar buen carácter moral". Entre las formas de demostrarlo están el cumplimiento con la declaración de ingresos y el pago de los impuestos ("taxes").

En general, "el proyecto de reforma integral que está en el Senado de los Estados Unidos refiere la importancia de que la persona esté al día en temas como el de los impuestos, pero este tema es mejor tratarlo con un contable. Tenga en mente, además, que el reglamento del IRS contempla un período de prescripción de 10 años para cobrarle lo adeudado al contribuyente. Así que declarar tres años solamente podría no ser la solución final para todos los que confían en una reforma amplia para la mayoría de los casi 11,5 millones de personas que se estima viven en Estados Unidos sin los documentos requeridos.

Hay que tener en cuenta que no se requiere un número de seguro social para declarar los ingresos ante el IRS, basta con solicitar el Número de Identificación Individual del Contribuyente (ITIN, por sus siglas en inglés).

Sí, acorde con su caso personal en materia de ingresos y deducciones, resulta con deuda tributaria, tenga en cuenta que tiene derecho a llegar a un acuerdo de pago con el IRS.

Aunque expertos advierten que "es un camino largo por recorrer y no sabemos en qué terminará el proyecto de reforma", no sobraría ir preparándose para cubrir el tema de los impuestos si es que quiere demostrar su buen carácter moral a la hora de solicitar el ajuste de su estatus ante Inmigración.

Discreción del Fiscal o Cierre Administrativo

Hace un tiempo, el presidente Obama anunció un nuevo programa llamado así y que podría ayudar a algunos inmigrantes a detener sus deportaciones. Más de 15.000 deportaciones han sido detenidas hasta el momento.

Algunos malos abogados y notarios están muy mal orientando y se atreven a recomendar a los inmigrantes que "se entreguen a inmigración" y están cobrando miles de dólares para un perdón que tal vez no sea dado.

Sólo las personas que se encuentran actualmente en el proceso de deportación por ICE son elegibles para tal ley. Los inmigrantes que no están siendo procesados no pueden solicitar un perdón.

En el proceso, los fiscales de inmigración analizan cada caso de deportación para ver si el inmigrante tiene suficiente "buen carácter moral" para cerrar su caso. Aunque el hecho de contar con suficiente buen carácter moral no es una garantía para cerrar un caso.

En estas circunstancias, un inmigrante demuestra tener buen carácter moral: si tiene familiares ciudadanos de los Estados Unidos, incluyendo niños; si ha estado en el país durante mucho tiempo; si la persona fue traída al país a temprana edad; si la persona es muy viejo o muy joven; si la persona está embarazada o se encuentra amamantado; si la persona está a cargo de alguien que está muy enfermo o discapacitado; y si la persona tiene educación superior y es profesional.

Los inmigrantes inelegibles son aquellos: con una orden final de deportación; todo aquel que haya reingresado a los EE.UU., sin permiso después de haber sido deportado; inmigrantes con antecedentes criminales, incluyendo el hecho de conducir bajo la influencia de alcohol.

Los inmigrantes que reciban el beneficio del "**perdón de deportación** o cierre administrativo" tendrán sus casos de deportación cerrados. Ellos no recibirán una visa, ni una licencia de conducir. Aunque la disposición ofreció dar permisos de trabajo, para los que califiquen, hasta ahora muy pocos se han beneficiado con ello.

La Cancelación o Relief of Removal

Es otra de las formas de alivio discrecional de la deportación. Los requisitos para solicitarla varían según la condición legal del inmigrante.

Si es residente permanente legal deberá:

1. Haber vivido en EEUU por siete años consecutivos tras haber entrado al país legalmente.

2. Haber sido titular de una residencia permanente por al menos cinco años.

3. No haber sido condenado por una felonía o delito agravado.

Si no es residente permanente deberá:

1. Haber vivido en EEUU por al menos diez años

2. No haber sido condenado por ningún delito de carácter inmoral o felonía

3. Haber sido una persona de buen carácter moral al menos en los diez años anteriores al inicio del procedimiento de deportación.

4. Ser padre, madre, cónyuge, hijo o hija de un ciudadano estadounidense o de un residente permanente legal, siempre y cuando la expulsión del inmigrante pueda provocar un problema gravísimo al familiar inmediato que está en el país legalmente.

No podrán solicitar la cancelación: Si se encuentran en alguno de los siguientes casos:

a) haber entrado al país como miembro de una tripulación,

b) haber estado en el país bajo el amparo de un programa de intercambio y cuando no se ha cumplido la obligación de salir de EEUU a su terminación y pasar un mínimo de dos años en el extranjero,

c) ha participado de cualquier forma en la persecución de otras personas y

d) ya se benefició con anterioridad de una suspensión o cancelación de la deportación.

Víctimas de Violencia Doméstica

Las víctimas de violencia doméstica pueden pedir al juez de inmigración durante un proceso de deportación la cancelación de la misma. Corresponde al juez decidir su concesión.

Pueden solicitarla:

1. El cónyuge abusado (hombre o mujer) de un residente permanente o de un ciudadano. También pueden beneficiarse los hijos de la víctima, aunque estos no hayan sufrido el abuso.

2. Los hijos abusados de un residente permanente o de un ciudadano.

3. La madre o el padre del hijo abusado de un residente permanente o de un ciudadano, aunque el progenitor no haya sido abusado e incluso aunque nunca hayan estado casados la parte abusada y la abusadora o aunque estén separados o divorciados.

4. La víctima debe de haber residido en los EEUU por al menos tres años, sea una persona de buen carácter moral, no haya sido condenada por una felonía o delito agravado o no haya cometido otro tipo de crimen.

5. El matrimonio de la víctima, si lo hubiese, no ha debido ser fraudulento, es decir, realizado para conseguir los papeles.

6. La víctima no puede ser un riesgo para la seguridad del país.

7. Por último, la persona abusada debe demostrar que su expulsión de EE.UU. la colocaría en una situación muy difícil.

12

(X) AQUÍ EL RESPETO A TU PRÓJIMO ES TAN IMPORTANTE COMO EL RESPETO QUE DEBES TENER A LOS ANIMALES Y A LA NATURALEZA

==

"El respeto del hombre hacia los animales es inseparable del respeto de los hombres entre ellos mismos." -Anónimo-

"El modo de valorar el grado de educación de un pueblo y de un hombre es la forma como tratan a los animales."
-Thomas Edison-

"Llegará un día en que los hombres como yo, verán el asesinato de un animal como ahora ven el de un hombre."
-Leonardo da Vinci-

"La mayoría de la indiferencia, apatía, y crueldad que vemos, tiene su origen en la falsa educación que damos a nuestros niños acerca de los derechos de los animales, y de su deber con ellos." -J. Todd Ferrier-

"Si un hombre aspira a una vida correcta, su primer acto de abstinencia es el de lastimar animales." -Tolstoy-

"La no violencia lleva a la más alta ética, lo cual es la meta de la evolución. Hasta que no cesemos de dañar a otros seres vivos, somos aún salvajes." -Thomas Edison-

Respeto

Respeto es la consideración y reconocimiento del valor de uno mismo como persona y de los demás como parte de nuestro entorno social, de nuestra condición humana. El respetarse a sí mismo y a los demás también incluye el respeto a los otros seres vivos y a la naturaleza, por ser parte del mundo en que vivimos. La naturaleza nos provee nuestro sustento; gracias a ella respiramos, saciamos nuestra sed y nos alimentamos.

Podemos decir también que respeto es el sentimiento que lleva a reconocer los derechos y la **dignidad** del otro. Más digno será uno si el respeto se extiende hacia los animales y la naturaleza en general.

El respeto hacia uno mismo se basa en el respeto que se tiene al otro como persona. Nuestra dignidad de personas queda situada entre dos coordenadas básicas: la del respeto a nosotros mismos y la del respeto a los demás. El respeto a los demás se basa en el hecho de considerar que donde fenecen los derechos de uno se inician los deberes del otro.

No debemos confundir el respeto con las formas de convivencia respetuosas, el respeto va más allá de las formas. El respeto a los demás es la primera condición para saber vivir y poner las bases a una auténtica convivencia en paz y armonía. Respeto es actuar en conjunto, como seres humanos, con miras a un futuro en común.

El respeto al resto de seres vivos y a la naturaleza misma debe considerarse como una obligación humana. Existimos porque respiramos el aire que la naturaleza nos proporciona gratis, nos alimentamos de las demás formas de vida: animal, vegetal y mineral, elementos que existen y que la naturaleza nos ofrece a libre disposición. Está en nosotros, los seres humanos, administrarlos, manejarlos, disponerlos, distribuirlos equitativamente, y conservarlos con prevención a fin de evitar su extinción. Todo esto queda expresado en el respeto que le debemos a la naturaleza, en gratitud a su bondad.

Seattle

Seattle, un indígena Americano, líder de las tribus amerindias Suquamish y Duwamish, en lo que ahora se conoce como el estado de Washington de los Estados Unidos, nos dejó una lección de lo que es el respeto.

Los indios americanos estaban muy unidos a su tierra no conociendo la propiedad; es más, consideraban a la tierra como dueña de los hombres.

En 1855 el jefe indio Seattle envió al presidente de los Estados Unidos Franklin Pierce una carta en respuesta a la oferta de compra de las tierras de los Duwamish en el noroeste de los Estados Unidos. En el siguiente texto se refleja un fragmento de la carta:

"Vuestros hijos han de saber, como saben los nuestros, que la tierra es la madre de todos nosotros.
Que todas las agresiones que sufre la tierra inevitablemente las sufrirán sus hijos.
Cuando los hombres escupen a la tierra, se están, escupiendo a sí mismos.
Una cosa sabemos: que la tierra no pertenece al hombre, es el hombre el que pertenece a la tierra.
El hombre no ha tejido la trama de la vida, es sólo un hilo de ella.
Está tentando la desgracia si osa romper esa trama.

El dolor de la tierra se convierte necesariamente en el dolor de sus hijos. Lo sabemos. Todo está entrelazado, como la sangre de una misma familia"....

Homosexualidad e Inmigracion

Uno de los mayores retos a ser considerados en una posible reforma inmigratoria es lo concerniente a poner en consideración la situación legal que se adoptaría frente al matrimonio de parejas del mismo sexo: **homosexualidad e inmigración.**

Los homosexuales de nacimiento no solamente son personajes que salen del armario reivindicando unos derechos y enarbolando una bandera multicolor. Ellos no han elegido su condición fruto de una tendencia esnobista, sino que han nacido con ella; por ello, merecen todo el respeto, dignidad y reconocimiento al igual que cualquier persona.

Un número apreciable de hombres y mujeres presentan tendencias homosexuales instintivas. No eligen su condición homosexual; ésta constituye para la mayoría de ellos una auténtica prueba. Deben ser acogidos con respeto, compasión y delicadeza. Se evitará, respecto a ellos, todo signo de discriminación injusta. Son seres humanos.

Patrick Leahy, senador demócrata por Vermont, ha propuesto una enmienda para el proyecto de Reforma Inmigratoria aprobada en el Senado que permitiría a las parejas gais obtener equidad en derecho civil.

Un claro ejemplo de la necesidad de ello se podrá evidenciar en el siguiente tema, en el que se debe considerar a las personas referidas como seres humanos sin importar su sexo, raza, color o creencias religiosas; con los mismos derechos que todos y ser reconocidos tal y como son, con todo respeto y dignidad.

RESPETO Y DIGNIDAD *

* CNN Por Moni Basu
Domingo, 16 de junio de 2013

Vivian vivía el sueño americano. Tenía un salario de seis cifras como ejecutiva de WWells Fargo, un Jaguar y una casa de tres recámaras en el soleado sur de California. Luego se enamoró. Conoció a alguien de Brasil a través de un servicio de citas en línea. Entonces se complicó la historia de amor. La pareja de Vivian es una mujer, Elizabeth. Si fuera hombre podrían casarse y solicitar la admisión de la brasileña a EE.UU. para después buscar la residencia permanente.

*Pero las leyes actuales no permiten que un ciudadano estadounidense respalde la ciudadanía de su compañero si es del mismo sexo. Al menos 30,000 parejas se encuentran en esta encrucijada entre dos debates nacionales: la Ley de Defensa del Matrimonio de 1996 (**DOMA**, por sus siglas en inglés) que prohíbe al gobierno federal reconocer los matrimonios del mismo sexo, y la reforma inmigratoria.*

Así que Vivian, de 48 años, renunció a su vida en EU y se trasladó a Brasil, donde creó una compañía de tecnologías de la información. La empresa está luchando y ella extraña su país. Pero no puede imaginar su vida sin Elizabeth.

La Corte Suprema emitirá una decisión sobre la DOMA en cualquier día. Si la justicia falla en contra de la legislación, las parejas binacionales ganarán derechos inmigratorios y civiles.

*Un vocero de Equidad Inmigratoria, una organización que ha trabajado en el tema durante dos décadas, dijo que por primera vez la comunidad **LGBT** (iníciales de lesbian, gay, bisexual, and transgender, organización en actividades desde1990s), está optimista respecto a que la política de inmigración será menos discriminatoria.*

En el 2000 se introdujo en el Congreso la primera iniciativa para reconocer los matrimonios homosexuales para propósitos de ciudadanía. Desde entonces, muchas parejas han tenido que separarse o tomar decisiones difíciles como Vivian y dejar su hogar.

En Atlanta, la nepalesa Bara, de 36 años, se ha esforzado por tener una vida normal a pesar de que la nube negra de la inmigración se posa sobre ella. Bara y su pareja, Nicol, han estado juntas desde hace cinco años y dirigen una consultora sin fines de lucro. Compraron una casa y Bara está a medio embarazo. (Más de 17,000 niños en el país son criados por parejas binacionales).

Nicol y Bara ya eligieron nombres para "su bebe". Pero para febrero próximo, la visa de trabajo de Bara —conocida como H-1B— expirará y probablemente tenga que dejar Estados Unidos. Nicol no puede respaldarla ni con su residencia permanente, mejor conocida como Green card. Podrían irse a vivir a Nepal, pero sería difícil para Nicol. Ella tiene 47 años, vive en Atlanta y no habla nepalí. Las dos han discutido irse a vivir a otra parte, quizá a un país amigable con los inmigrantes, como Canadá.

__Canadá__ es uno de los principales __destinos__ para las parejas binacionales del mismo sexo provenientes de EU por *su cercanía y su sistema inmigratorio. El país se basa en un programa de puntos para decidir quién puede vivir y trabajar ahí.*

Los solicitantes reciben puntaje según su nivel de educación, experiencia laboral e idiomas. Si solo uno de la pareja califica para obtener un nuevo estatus inmigratorio, puede respaldar al otro.

Hindha, un hombre de 31 años originario de Sri Lanka, vive junto a su esposo Andy, de 29, en Carolina del Sur, un estado que prohíbe el matrimonio entre personas del mismo sexo. Ellos fueron de las primeras siete parejas que se casaron en Maryland en Año Nuevo, luego de que el estado aprobó las uniones homosexuales. Pero ahora, con la próxima expiración de la visa de estudiante de Hindha, están considerando irse a vivir a Canadá.

Al menos 31 países reconocen las uniones entre parejas del mismo sexo para fines inmigratorios. Algunos, como Gran Bretaña, aún no han legalizado las uniones gay, pero ya reconocen a las parejas.

Por eso Marlon, de 35 años, abandonó su carrera de leyes en Nueva York y se trasladó a Londres con su compañero, Erick. Aunque el estado de Nueva York aprobó el matrimonio entre personas del mismo sexo en 2011, la boda no representaría un freno a la expiración de la visa de Erick. Marlon está enojado con su país por tener que abandonar todo y empezar de nuevo en una tierra extranjera.

Bara dice que ella ha vivido con ansiedad desde que llegó a EU, en 2001, con todos los trámites para solicitar una visa temporal. La consumió tanto, que decidió no preocuparse por eso más. Ella y Nicol están preparadas en caso de que la decisión de la Corte no les favorezca. Solo saben una cosa: sin importar qué pase, encontrarán la forma de estar juntas. Pero nadie, dicen, debe tener que escoger entre el amor o su país.

Deberes y Derechos

La posibilidad de que se acepte a plenitud la igualdad de derechos para las personas de ambos sexos (masculino y femenino), parecía imposible, pero como hemos anotado se viene dando. La historia nos demuestra que, incluso actualmente, existen países y creencias religiosas que nunca aceptaron ni aceptan tal igualdad.

Peor aún, considerar que se acepte a un tercer tipo de persona dentro de la clasificación de sexos, se hace casi inaceptable.

La Constitución de cada nación y sus respectivas leyes establecen los deberes y derechos para sus ciudadanos considerándolas como personas de diferente sexo (heterosexuales). Sin embargo no se ha especificado ninguna limitación al homosexual, ni mucho menos se establece alguna prohibición. Pero acontecimientos que ya llevan décadas van permitiendo la oportunidad al grupo de homosexuales de ir adquiriendo derechos que antes no tenían, como el matrimonio.

Pero descalificarlos, en caso de unión matrimonial homosexual, tanto en sus derechos civiles como inmigratorios, es tan contraproducente como aceptar que los tengan en las mismas condiciones que cualquier matrimonio "normal" homosexual. Tendrían que someterse enmiendas a la Constitución de cualquier país y corrección y/o creación de nuevas leyes, en que se especifiquen los cambios.

En cualquier país que se considere democrático, el solo hecho de considerar la situación representaría una demostración de respeto a los derechos humanos. En los Estados Unidos no se esperaría algo diferente.

Matrimonios Entre Personas del Mismo Sexo

Declaraciones de la Secretaria del Departamento de Seguridad Nacional, Janet Napolitano el 1 de julio de 2013:

*"Luego de la decisión de la Corte Suprema, la semana pasada, en la que mantiene la inconstitucionalidad de la Sección 3 de la Ley de Defensa del Matrimonio (DOMA, por sus siglas en inglés), el Presidente Barack Obama ha impartido instrucciones a los departamentos federales para asegurar que la decisión y sus implicaciones en los beneficios para las parejas del mismo sexo legalmente casadas sean puestas en vigor rápida y ordenadamente. A estos efectos, efectivo de inmediato, he dado instrucciones al Servicio de Ciudadanía e Inmigración de Estados Unidos (**USCIS**, por sus siglas en inglés) para que evalúe las peticiones de visas presentadas a nombre de un cónyuge del mismo sexo de la misma manera en que evalúa las presentadas a nombre de cónyuges del sexo opuesto".*

Pidiendo al Cónyuge del Mismo Sexo

A partir de la Decisión de la Corte Suprema en el **Caso Windsor** (en la que se planteó una demanda contra DOMA, por considerarla inconstitucional), un ciudadano estadounidense o un residente permanente legal casado con un extranjero del mismo sexo, puede patrocinar al cónyuge para una visa de inmigrante basada en la familia.

Se procede como cualquier petición familiar de parejas de diferente sexo (heterosexuales). Se presenta un Formulario I-130 (y cualquier otra documentación de evidencia). Su elegibilidad para pedir a su cónyuge, así como la admisibilidad de su cónyuge como inmigrante durante el proceso de solicitud de visa de inmigrante o durante la etapa de ajuste de estatus será determinada de acuerdo a la ley de inmigración aplicable y no será rechazada automáticamente como resultado de la naturaleza de su matrimonio del mismo sexo.

Un ciudadano estadounidense comprometido en matrimonio con un extranjero del mismo sexo, puede presentar una visa de prometido(a) en su nombre (**visa K-1, Fiancé**). Se requiere presentar un Formulario I-129F. Si la persona cumple todos los demás criterios de inmigración, como un compromiso matrimonial entre personas del mismo sexo, podría permitir la entrada de su prometido(a) a los Estados Unidos con propósitos matrimoniales.

Como regla general, al evaluar la petición USCIS investiga la ley del estado donde se celebró el matrimonio al momento de determinar si es válido para propósitos de inmigración. La regla general está sujeta a algunas limitadas excepciones bajo las cuales las agencias federales de inmigración históricamente han considerado la ley del estado de residencia además de la ley del estado donde se celebró el matrimonio. Si estas excepciones aplican o no, depende de circunstancias individuales específicas.

Las leyes y políticas estatales sobre los matrimonios entre el mismo sexo no determinarán si USCIS reconocerá como válido el matrimonio.

USCIS no publicará nuevas regulaciones, guías o formularios para solicitar beneficios bajo esta decisión de la Corte Suprema. Toda persona comprendida dentro de la decisión judicial puede solicitar inmediatamente beneficios a los que considera ser elegible.

Ejemplos como lo descrito son realidad en este gran país de leyes. Si una reforma inmigratoria no es viable por el poder Legislativo, tampoco lo es por el poder Ejecutivo, ¿lo será algún día mediante el poder Judicial?

La problemática de la inmigración "ilegal" ha generado tales cambios en las sociedades en tal sentido que las opiniones a favor y en contra se han polarizado tanto que no bastan las leyes escritas, actualmente en vigencia, para resolver los conflictos. La tendencia es llevar los casos a las cortes a fin de que en esas instancias se solucionen, tal cual Salomón en su época.

En los Estados Unidos, muchas organizaciones, antes reacias a tocar el tema inmigratorio, actualmente enarbolan la defensa del inmigrante reconociendo la importancia del aporte que ha brindado a la economía y al restablecimiento del equilibrio socio-económico global.

13

GOD BLESS AMERICA

===================================

Sí, debo dar gracias a Los Estados Unidos de América por haberme dado la oportunidad de establecerme aquí con mi familia, con mis mujeres. Debo dar gracias a Dios por permitirme ello. Debemos pedir a Dios que siempre bendiga a esta gran Nación, tierra de libertad, tierra de oportunidades, para todo inmigrante que llegó a ella desde antes de ser Nación y que se forjó como tal, gracias a esos pioneros inmigrantes europeos.

Estados Unidos se independizó y se constituyó como nación convirtiéndose en lo que es hoy, primera potencia y líder mundial, gracias al esfuerzo, al sacrificio, al heroísmo, con derramamiento de sangre, de los inmigrantes y de sus descendientes.

Pero, actualmente, se encuentra en la gran disyuntiva de qué poder hacer con unos 12 millones de inmigrantes considerados ilegales por haber permanecido sin documentos que las leyes conceden a todo aquel que migra acatándolas. Esta es la motivación principal por la que se concibió "Los Diez Mandamientos del Inmigrante". Primó la idea de fomentar el raciocinio sobre la realidad americana de todo inmigrante que ya se encuentre en el país o que pretenda emigrar.

Llevamos casi 25 años de vivencias propias, con muchas dificultades de por medio; por siempre oraré, en familia, pidiendo bendiciones para los Estados Unidos de

América. Con toda certeza, mi esposa, yo, y nuestras cuatro hijas, podemos asegurar que hemos cumplido nuestros propósitos a cabalidad. Hemos establecido raíces aquí pues, por ahora, tenemos cinco nietos nacidos aquí (para Julio del 2014, viene el sexto) y, por lo tanto, son Ciudadanos Americanos. Nuestras 4 hijas alcanzaron el "sueño Americano", con mucho esfuerzo y dedicación a los estudios. Mi esposa y yo ya estamos retirados y "cosechando lo sembrado" como diría mi madre.

No fue fácil "colgar los estetoscopios" para mi esposa Gladys ni para mí, pero el sacrifico se ve ahora compensado y no nos arrepentimos de lo hecho. Ahora diría "....si se volviera a presentar la ocasión, lo volvería a hacer." Estoy convencido de que un camino se hace al andar, aunque el nuestro haya sido muy sinuoso y con muchas piedras, que supimos superar. Nuestras hijas y descendientes ya no caminarán por el mismo camino tortuoso.

Corría Octubre del 1989, por cumplir ya los seis meses de estadía legal en los EE.UU. con visa de turista, cuando por fin me llegó el ansiado permiso de trabajo, obtuve mi Social Security. Ya era un número tomado en cuenta en los Estados Unidos. Ser reconocido como un inmigrante legalmente establecido fue como si se me abrieran las puertas a la oportunidad. El resto corría de mi parte.

Con mucho entusiasmo me dediqué a trabajar con un Terapista Físico como Case Manager. Los conocimientos médicos y la experiencia adquirida en mi país de origen me facilitaron el camino, aunque la frustración de no estar ejerciendo la medicina no se me alejaba de la mente. Con el amplio apoyo, el primer año vía comunicación escrita o telefónica, de mis mujeres lograba el aliento para seguir adelante; pues la separación familiar ejercía una constante presión en mí.

Para el año 1990 ya la familia completa estaba conmigo, Gladys, mi esposa, se unió al mismo trabajo que yo desempeñaba. Nuestras cuatro hijas continuaron sus estudios: Gladys la mayor a concluir el 11 y 12 grados, Deborah el 10, 11 y 12 grados, Karina los grados del 8 al 12 y Nathaly del 2 al 12. Todas con Visa de Estudiante, que en ése entonces se me permitió lograr como **cambio de estatus** (de turista a estudiante). La unificación familiar estaba en práctica y no quedaba más que remar en el mismo sentido: "El amor no consiste solo en mirarse a los ojos muy románticamente, sino en mirar ambos hacia adelante"; con ésta premisa en mente iniciamos el tramo y lo hemos logrado.

La espera para la ansiada Residencia no fue muy placentera pues tuvimos que esperar una laaaar……rga línea, viviendo en carne propia la **"pesadilla americana"**. Pero la satisfacción, el sosiego y la tranquilidad de contar con un permiso de trabajo, que nos tocaba renovar periódicamente, amortiguaba la angustiante espera. La paciencia del Pediatra (que es mi especialidad médica), se ejerció a cabalidad. Pasaron 16 años para lograrlo; por fin en Febrero del 2005 nos hicimos Residentes. Despertamos de la "pesadilla americana".

Mantener a nuestras 4 hijas con Visa de Estudiante Internacional era una misión imposible, siquiera de imaginar. Las cuatro pasaron por el mismo camino: concluyeron su High School, Miami Dade College y su respectiva Carrera Universitaria con Honores (lo que les permitía laborar 12 horas a la semana, dentro del claustro universitario), con inmenso esfuerzo pues, además de estudiar, laboraban lo mismo haciendo tutorías o sirviendo mesas o babysitting o petsitting.

Con ésta aptitud nos facilitaron a Gladys y a mí con el más o menos 40% de los costos estudiantiles; sin embargo teníamos que trabajar al doble.

Mientras estaban en el high school el costo escolar era como 1, a medida que iban ingresando al college esto se multiplicaba por 100 (por cada una, por semestre), ya en la Universidad el costo inicial se multiplicaba por 1000.......
¿Cómo lo pudimos hacer?

En los Estados Unidos todo es posible, con voluntad, sacrificio, mucha disciplina y educación. Es el camino hacia el **"Sueño Americano"**, que había que alcanzar.

Por el año 1994 Gladys y yo nos encontrábamos con dos trabajos: con el Terapista Físico y en un College privado como docentes en el área médica para tecnólogos médicos. Gracias a ello y con la bendición de Dios pudimos cumplir con nuestras adoradas hijas en facilitarles el camino a cumplir sus metas.

El 9-11-2001, estableció para nosotros un antes y un después. Mi esposa y yo perdimos los trabajos, pero ya las hijas mayores empezaron a producir como profesionales y se puede decir que tomaron la batuta por el bien de la familia entera.

Actualmente, mi esposa y yo nos encontramos en la etapa del **"reposo del águila"**. Como el águila adoptamos bajo vuelo, planificamos nuestro progreso, esquivamos muchos obstáculos, entrando por los espacios más estrechos en búsqueda de la seguridad y el progreso de la familia. Y anidamos en lo más alto: Estados Unidos, la primera potencia mundial.

Después de batallar por sacar adelante a nuestros "tesoros", ellas nos van llenando la vida con los nietos, nuestras "raíces"; contamos con **6**, por ahora. Mientras ayer nuestra mayor preocupación era el bienestar de nuestras hijas, por lo cual trabajamos muy duro, nos sacrificamos demasiado al colgar los estetoscopios; pero no nos lamentamos por ello. Con nuestros nietos ahora tenemos vivencias que no pudimos compartir con nuestras hijas por la escases de tiempo. A las hijas les dedicamos el máximo del tiempo disponible. Con los nietos percibimos que las 24 horas del día nos son insuficientes para dedicarnos a ellos.

Esto es América, me digo, aquí si se cumple la expresión "el que estudia triunfa"; era el nombre de un programa radial en mi país allá por los 1957. Llegué a concursar en él y me gané mi primera libreta de ahorros por cincuenta soles ($5 de la época), fue la base para mis ahorros futuros.

Los Inmigrantes en la Actualidad

En la actualidad una de las especulaciones en discordancia en el Congreso por lo que se encuentra atascada la posible Reforma Inmigratoria, es el hecho de que los políticos no se ponen de acuerdo en el tiempo de espera que debe tener el aplicante para obtener la ansiada "green card".

Mientras tenga un permiso de trabajo viable, todo inmigrante digno y trabajador se siente mucho menos estresado y capaz de producir al máximo en beneficio de su familia y contribuir con sus impuestos para bien del país que lo acoge. Sin documentos legales es, por lo contrario, un serio problema; se ve obligado a trabajar sin permiso de trabajo pues las necesidades propias y de los miembros de su familia (muchos hijos ya ciudadanos Americanos, por haber nacido aquí), no esperan.

Los mal llamados "inmigrantes ilegales" hacen producir más dinero a quienes los contratan pero, ni uno ni el otro, pagan impuestos. Y son un estimado (a mi parecer corto) de 12 millones de personas en estas condiciones.

Millones de dólares que se pierden en impuestos. Siendo seres humanos también se enferman y padecen escaseces que los obligan a solicitar asistencia social, servicios que se mantienen con los impuestos que si pagan los que tienen permiso de trabajo y por lo tanto un Social Security.

Mientras tanto la opción de votar y elegir a los políticos que fabrican y manejan las leyes, quedará postergada hasta poder obtener la ansiada Ciudadanía Americana.

El inmigrante honesto no desea más que poder trabajar y lograr una mejor calidad de vida para sí y su familia. Para lograrlo necesita obtener, legalmente, un número de Social Security y adaptarse a éste país cumpliendo sus leyes y regulaciones. Cumplir Los Diez Mandamientos del Inmigrante.

Es penoso apreciar con grandes titulares para leer en los diarios y ver en la televisión que se siga deportando a inmigrantes ilegales.

Los inmigrantes indocumentados que llegaron por sucesivos años, y siguen llegando, son personas jóvenes, constituyendo una fuerza laboral que siempre ha desempeñado labores que los propios americanos no desean hacer: agricultura, construcción y servicios.

La historia ha demostrado que tales inmigrantes son parte fundamental de la estructura económica de los EE.UU.

La historia también nos señala que los inmigrantes que logran sus documentos ascienden prontamente a la clase económica media y aún alta al hacerse profesionales, con un título universitario, que por ende constituye el mayor anhelo de todo inmigrante. No se conforman con quedarse en el "**cubo**" de la base del sistema americano; su meta es ascender a la "**pirámide**".

Por casi cinco décadas los sucesivos gobiernos, en particular sus órganos ejecutivos, han sido inefectivos o simplemente no han hecho nada a fin de poner en orden o remover a los extranjeros indocumentados de los Estados Unidos en forma humanitaria. Inmigrantes de todo el mundo siguen llegando y seguirán llegando a pesar de las estrictas medidas anti emigrantes que se implementen.

Millones de niños han nacido de ésos padres inmigrantes y son ciudadanos americanos con los mismos derechos de los primeros inmigrantes irlandeses que se establecieron aquí desplazando a los nativos Siuxs, Cheroques, Comanches, Apaches, Seminoles y muchas otras tribus, relegadas actualmente a las llamadas reservaciones.

En 1986, hace ya 27 años que el presidente Ronald Reagan promulgó la Ley de Reforma y Control de Inmigración (**IRCA** por su sigla en inglés) en un intento por arreglar la inmigración ilegal.

No fue suficiente, pues fue el inicio de un flujo inmigratorio nunca antes visto. Se abrió así las puertas a unos 3 millones de personas indocumentadas hacia la ciudadanía Americana. Se produjo una masiva migración hacia el norte por la frontera sur de los Estados Unidos, no solo mejicanos, sino centroamericanos que huían de sus respectivos países por causa de las guerras o dictaduras que padecían.

También sudamericanos usaban la misma vía o aplicaban a visas de turismo o a otras disponibles y permanecían indocumentados una vez vencidos sus permisos de permanencia. Aparte de dictaduras, por ésa época muchos países padecían del flagelo del narcoterrorismo, aunado a la mala administración del país que sus respectivos gobernantes ejercían, donde imperaba la corrupción, hasta ahora.

Bajo IRCA más de un millón de trabajadores rurales que laboraban en la agricultura solicitaron su legalización. Ya como legales progresaron y abandonaron los trabajos básicos, establecieron familias y negocios; muchos enviaron a sus hijos a estudiar en las universidades.

Actualmente casi dos tercios de los trabajadores rurales en EE.UU. son inmigrantes indocumentados; de los que alcanzaron IRCA solo el 12% constituye la fuerza laboral rural.

Es evidente que la reforma migratoria de 1986 tuvo aciertos y fracasos que afectan cualquier iniciativa que se quiera adoptar para elaborar una reforma actual. Por temor, desorientación y desconfianza millones de "ilegales" de la época, no se beneficiaron de IRCA; prefirieron seguir en la irregularidad.

La desorientación del inmigrante primó en IRCA. Para que esos millones de indocumentados que quedaron fuera, sean considerados también, en forma muy especial, en cualquier proyecto de legalización, la orientación adecuada es fundamental.

En la fundación, personalmente me entrevisté con muchos inmigrantes con más de 30 años en los Estados Unidos viviendo como indocumentados. Este hecho fue otro factor tomado en cuenta para la elaboración de este documento, a fin de poder contribuir a que no se repitan los rezagados de IRCA, con una nueva legislación inmigratoria. La experiencia de 1986 deja claro que el gobierno de los Estados Unidos debe asegurar un control más estricto del ingreso de extranjeros y proveer los recursos para impedir que la gran demanda de mano de obra siga empleando a indocumentados.

La era Clinton produjo una bonanza económica, la más prolongada en tiempos de paz en EE.UU., y luego, más reciente, la bonanza del sector inmobiliario, donde se requería con urgencia la labor de millones de obreros en la construcción, atrajeron a más inmigrantes.

Ante estas perspectivas, muchos de ellos, por millones, cruzaron la frontera sur de EE.UU. a riesgo de su vida y su salud. Otros millones ingresaron legalmente como estudiantes, turistas o con otras visas, se quedaron sin permiso de permanencia al vencer su fecha límite. Se establecieron dos grupos de indocumentados, uno sin admisión legal y el otro admitido legalmente.

Esa gente ya está aquí, y se queda aquí. El problema es sacar de la obscuridad a esos casi 12 millones de indocumentados, muchos de los cuales han vivido por décadas en EE.UU. Incorporarlos al mercado laboral legal, a los pagos de impuestos y la recepción de beneficios es la disyuntiva.

De ahí que en el debate de 2013 hayan pesado las dos lecciones:

(1) Debe de hacerse algo para permitir una senda a la legalización y, eventualmente la naturalización, de millones de inmigrantes que ya están aquí.

(2) También algo tiene que hacerse, antes, después o simultáneamente, para impedir otra marejada de indocumentados.

El Congreso Americano, aún mantiene en el limbo a la reforma inmigratoria, ya que la mayoría republicana en la cámara baja, se ha mostrado reacia a debatir el proyecto de ley aprobado por el Senado en junio pasado.

Los republicanos se encuentran muy influenciados por la doctrina del Tea Party, que se opone rotundamente a cualquier proceso de legalización de los inmigrantes que se hallan indocumentados.

Tea Party

El **Tea Party** se ha convertido en uno de los principales actores de la política estadounidense tras el proceso de las primarias republicanas en las dos últimas elecciones. El grupo obtuvo sorprendentes victorias para ocupar docenas de cargos por todo el país.

El moderno "Partido del Té de Boston" (The Boston Tea Party) surge en el 2009 como un movimiento de rechazo a los políticos de turno; según su manifiesto, la gente perdió la confianza en ambos partidos políticos.

Los políticos conservadores se molestaron mucho con el gasto público récord del gobierno de Bush, gran parte invertido en una inútil y muy costosa guerra en medio oriente. Amén de la irrecuperable pérdida de vidas de ciudadanos Americanos y de sobrevivientes con lesiones permanentes. Estos y otros eventos del final del periodo de Bush y a principios del de Obama, como: el rescate bancario, el rescate de las tres grandes armadoras de autos y el plan de estímulo económico, fueron el detonante al surgimiento del Tea Party moderno.

El grupo actual adopta el nombre de "Tea Party" por la histórica revuelta fiscal de 1773. Los colonos, y por tanto inmigrantes, "tea party" originales se rebelaron contra los impuestos al té de importación que impusieron los británicos y que afectaba a los productores en los Estados Unidos. El clímax del movimiento se produjo cuando los colonos de Boston subieron a los barcos ingleses a quemar la mercancía de té que portaban. Este hecho aceleró la independencia de Estados Unidos.

El Tea Party moderno mantiene su postura basado en 11 postulados entre los que destacan, en primer lugar, su posición contra la inmigración ilegal, el derecho sagrado a portar armas, la necesidad de disminuir la magnitud del gobierno, así como disminuir los impuestos a los negocios y a los ciudadanos.

También se erigen en pro de los "valores familiares tradicionales", la necesidad de un ejército fuerte y defienden el inglés como la única lengua aceptable en el país.

Entre los rostros del Partido del Té, se destacan Marco Rubio, Ted Cruz, Sarah Palin (quien era candidata para la vicepresidencia por el Partido Republicano y al principio fue una especie de portavoz del movimiento), Michelle Bachmann y Rand Paul entre muchos otros.

Esto, sucediendo en la Cámara de Representantes, tiene su contraparte en el Senado, donde, por iniciativa de una Senadora Republicana, Susan Collins, de Maine, quien irrumpió en el Senado el 5 de octubre, un sábado, y exhortó a la Cámara a trabajar en conjunto, a "dejar de pelear y comenzar a legislar".

14

CONCLUSIÓN

=====================================

Debemos considerar al inmigrante, cualquiera sea su estatus y en cualquier país donde se encuentre, como una persona con los mismos derechos y deberes que el ciudadano común. Son las leyes propias de cada nación donde habita ese inmigrante, las que determinan su conducta a seguir y es su **Yo Inmigrante** interior el que decide su comportamiento.

Lo sensato es que ese Yo Inmigrante decida comportarse acatando las leyes del país que lo cobija; desgraciadamente, como hemos tratado de hacer ver en este libro, no siempre sucede así. Muy por el contrario, muchos inmigrantes cometen errores garrafales y delitos que a la postre les cuesta muy caro. Para los que sí aplicamos lo que nuestro yo inmigrante nos dice, nos hace ver que aquellos inmigrantes errados pecaron de ingenuidad. Intentaron sacar alguna ventaja del exceso de confiabilidad del ciudadano Americano.

Como hemos venido señalando, el inmigrante ingenuo es presa fácil de ser mal informado y aún ser estafado; aparte de ser convencido para cometer o ser cómplice de algún delito. Esos inmigrantes desorientados y/o mal orientados afrontan, como uno de los mayores retos, el sufrir la explotación y el abuso:

✓ Algunos patrones fuerzan a los inmigrantes a trabajar exceso de horas de labor; en condiciones peligrosas y/o insalubres; les despiden sin avisarles; rechazan pagarles o bien les pagan menos de lo que les corresponde etc.;

- ✓ Existen traficantes de personas, así como las redes ilegales de "coyotes", que suelen explotar o engañar a los inmigrantes. Son engañados con promesas de trabajo y de una vida mejor, hasta con una oferta de solucionar "sus papeles". Sin embargo, en ocasiones se encuentran con una vida frustrante y llena de situaciones amenazantes.
- ✓ Existen inmigrantes indocumentados que por su condición de vulnerabilidad, son explotados por otros inmigrantes que tienen papeles.
- ✓ Y lo que es peor, muchos inmigrantes indocumentados, incluidos niños, son engañados hasta el punto de convertirse en víctimas de tráfico humano, prostitución, narcotráfico, testaferros, etc.
- ✓ De todo esto los más vulnerables resultan ser siempre los niños, tanto aquellos que fueron traídos aún siendo niños, sin derecho a decidir por sí mismos, como los nacidos aquí, y por lo tanto Ciudadanos Americanos, pero de padres indocumentados. Ambos grupos de niños sufren las consecuencias, sin ninguna culpabilidad, de los errores de los padres quienes tampoco pueden ser considerados criminales por pretender alcanzar el "sueño americano", al igual que los 300 millones de habitantes, todos descendientes de inmigrantes también.

La mayor urgencia que presenta el inmigrante es la solución a su situación de indocumentado, tanto para su propio bien y su familia, sus "raíces", como para el bienestar social, político y económico de los Estados Unidos, que lo acogió con mucha generosidad.

Caminos del Inmigrante

Los **inmigrantes indocumentados**, llegan a esa situación de muchas maneras, sea que entraron a los Estados Unidos con una visa de **admisibilidad** o haber entrado por una frontera, sin pasar control migratorio. Existen diversas motivaciones y **caminos** por lo que la gente se encuentra en dicha situación irregular:

✓ Muchos inmigrantes ilegales son introducidos en los países de forma ilegal o entran con documentación falsa proporcionada por los traficantes de personas.

✓ Gran proporción de gente en situación irregular son refugiados. La migración irregular se produce como resultado de "factores de expulsión" de su país de origen, como la guerra (incluyendo guerra civil), gobiernos autoritarios, crisis económicas y represión.

✓ Sucede también por cuestiones administrativas: que el visado no ha sido renovado a tiempo, o término del tiempo de permanencia, o hay una petición de asilo denegada; mientras muchos otros observan cómo sus situaciones legales terminan, simplemente, a causa de cambios en la ley.

✓ La situación de muchas personas se convierte en irregular cuando buscan vivir con sus seres queridos, que ya migraron, como por ejemplo con su cónyuge, con un miembro de su familia que vive en el país receptor, o bien mantener relaciones con gente en el país receptor que han conocido en una visita.

✓ Otros, como los inmigrantes que fueron niños cuando fueron llevados por sus padres indocumentados a algún país receptor, se convirtieron con el tiempo, en personas en una situación irregular, sin proponérselo.

Reforma Inmigratoria Ya......

La política es lo que prima, es lo que decide, es lo que maneja, es lo que gobierna. Los políticos son los que usan la política para lograr sus propósitos, sean estos malos o buenos, sean beneficiosos o no para la ciudadanía. El Ciudadano es el que ejerce su derecho al voto a fin de elegir al político que haya logrado convencerlo con sus promesas.
En los Estados Unidos el Ciudadano, protegido por su Constitución, puede exigir el desafuero del mal político que eligió, cualquiera sea la posición que ocupe, incluido la Presidencia de la Nación.

Los políticos, actualmente, tienen la vista dirigida hacia dos grupos de inmigrantes; aquellos latinos (primera minoría) documentados, que en las dos últimas elecciones presidenciales jugaron un papel decisivo en la elección a la Presidencia de Barack Obama. El otro grupo de inmigrantes lo constituyen los indocumentados, potencialmente votantes, que con toda seguridad pueden decidir una elección futura.

Dos son los grupos políticos en los Estados Unidos que históricamente gobiernan el país en forma alternada. Demócratas y Republicanos tratan de convencer a sus votantes y ahora, a los potenciales futuros votantes, de sus puntos de vista. Con visión y misión, generalmente opuestas, tratan de ponerse de acuerdo a fin de sacar adelante una reforma inmigratoria.

Un grupo bipartidista viene negociando de manera interrumpida desde el 2009, a puertas cerradas, un proyecto de reforma migratoria integral. Pero hay demasiadas diferencias de opinión, que no hacen más que hacer resaltar la trascendencia política que puede acarrear la toma de una decisión correcta. A tal punto que el propio presidente de la Cámara Baja, John Boehner, líder de la mayoría republicana, considera que debería someterse a voto la reforma inmigratoria para eliminar un problema que, a su juicio, dificulta el futuro político del partido republicano.

El Senado aprobó su versión de la reforma migratoria el pasado 27 de junio, pero Boehner ha dicho que su bancada elaborará su propia iniciativa, con énfasis en la seguridad fronteriza. Hasta ahora, la Cámara Baja no ha presentado su propia versión.

Reforma Inmigratoria al 2013

A fines del año 2013, está comprobado que cualquier propuesta que salga del Senado, donde los demócratas tienen mayoría, encontrarán un territorio menos propicio cuando vayan hacia la Cámara de Representantes, con una mayoría republicana, que a la vez, está más susceptible a las arengas de su minoría del Tea Party.

Octubre 2013

El mes de octubre del 2013 será recordado no solo por los ciudadanos Americanos, sino por los inmigrantes en general, como una etapa en sus vidas en la que los políticos tenían en sus manos el futuro de cada persona que habita en los Estados Unidos.

Por una parte el Presidente Barack Obama, puesto contra la pared por el Senado en pleno por un lado, y por otro, con republicanos y demócratas enfrentados en una lucha de poder a fin de sacar adelante sus respectivas ideas.

Lo cierto es que el futuro del bienestar general de la población representada en el correcto manejo de la economía, la salud y la migración, se tenga que decidir de acuerdo a las conveniencias de los políticos que fueron elegidos para velar por los intereses del país y sus habitantes.

En tales sombrías circunstancias la tasa de aprobación del Congreso casi alcanza su nivel histórico más bajo. Los republicanos y los demócratas se lanzaron insultos unos a otros y entre ellos mismos. El Congreso se ha convertido en un circo político en Washington.

Parecía que nada podría contra el bastión de los demócratas en el Senado y de los republicanos en la Cámara de Representantes. La acción de ambos partidos dejó al Capitolio paralizado en las semanas previas y ocasionó el cierre parcial del gobierno.

Felizmente, mientras algunos legisladores se prometían atrincherarse y mantenerse firmes en sus posturas, un grupo bipartidista de 14 senadores trabajaba tras bambalinas para generar un plan y poner al país de nuevo en camino y así evitar un posible incumplimiento de pagos.

Siete Representantes republicanos, seis demócratas y un independiente se juntaron después de que la senadora Susan Collins de Maine irrumpió en el Senado el 5 de octubre, un sábado, y exhortó a la Cámara a trabajar en conjunto, a "dejar de pelear y comenzar a legislar".

Una semana después, con más miembros en sus filas, el grupo presentó su plan de reabrir el gobierno y elevar el techo de la deuda. Algunos de los elementos del plan fueron incorporados al acuerdo final al que llegaron el líder de la mayoría demócrata en el Senado Harry Reid y el líder de la minoría republicana en el Senado, Mitch McConnell, el miércoles, en la víspera de la fecha límite para evitar la suspensión de pagos.

Al igual que el nuevo acuerdo, el marco de trabajo de Collins reabrió el gobierno, pospuso la fecha límite, incluyó cláusulas de verificación de ingresos para prevenir fraudes en el programa Obamacare y exigió una conferencia presupuestaria entre las dos cámaras de comercio.

Tanto la Cámara de Representantes como el Senado tendrán la oportunidad de trabajar lado a lado mientras sus comités presupuestarios discuten un plan a largo plazo para los meses venideros. Pero, para nada se tomó en cuenta algún avance sobre inmigración.

De Cuatro Pasos….Uno y no Más

Con el estancamiento del proyecto de ley de Reforma Inmigratoria aprobada en el Senado en Junio del 2013, se estableció el **primer paso** y único, de cuatro a darse, para satisfacer a los casi 12 millones de personas, los inmigrantes indocumentados (¿seguirán en el limbo?).

El **segundo paso** que debe iniciarse en la Cámara de Representantes, aún está en ciernes. Existe un proyecto de ley **HR15**, presentado por Joe García, Representante demócrata de la Florida, junto con Nancy Pelosi, también demócrata por California. El proyecto de ley no cuenta aún con un número de auspiciadores suficientes para debatirse.

El proyecto HR15 impone requisitos para la legalización que incluye en sus premisas: el pago de multas e impuestos retrospectivos, aprender inglés, el someterse a revisión de antecedentes penales y criminales, y con énfasis en el refuerzo de la seguridad fronteriza.

Se requieren 218 miembros para obtener la mayoría de votos necesarios y lograr una aprobación del proyecto HR15. A finales de octubre se tenía 189 copatrocinadores,

De aprobarse la HR15 en la Cámara, el **tercer paso** se da cuando se reúne el pleno del Congreso con Senadores y Representantes sometidos a discusión, posibles enmiendas y votación. Con la unificación de los dos proyectos (del Senado y de la Cámara) se convertiría en una Ley que pasaría al **cuarto paso**: la aprobación y firma del Presidente Barack Obama.

Jeff Denham, cuyo Distrito 10 en el norte de California tiene una alta concentración hispana, fue el primer republicano en sumarse en Octubre 30 al proyecto de ley HR15. Con su actitud Denham deja advertir que la medida afronta una pequeña ventana de oportunidad este año. Consciente de la pertinaz resistencia a una reforma inmigratoria entre los miembros más conservadores de su partido, Denham fue categórico en su mensaje:

".......si no les gusta este proyecto de ley (HR15), si quieren cambiar algo, que nos lo digan,.... porque la reforma migratoria no puede esperar más......si quieren salvar el programa de Medicare (para ancianos y jubilados) y el Seguro Social, la población inmigrante nos ayudará con eso"....Nuestro trabajo es llevar a una sesión bicameral con el Senado, la legislación más firme posible... esto no es una idea demócrata o republicana, es una solución para todos los estadounidenses", puntualizó.

Posteriormente, en un proceso a cuentagotas, los legisladores republicanos por Florida, Ileana Ros-Lehtinen, y por California, David Valadao, en ese orden, se han sumado a la HR15 que, de aprobarse, tendrá que ser armonizada con una versión similar que aprobó el Senado el pasado 27 de junio.

En el congreso la mayoría de los republicanos rechazan que una reforma inmigratoria conlleve un enfoque integral y cuestionan el concederle la naturalización a cualquier persona que haya violado leyes migratorias para permanecer en Estados Unidos.

A inicios de año, en la Cámara de Representantes, un grupo bipartidista, conformado inicialmente por ocho miembros, cuatro republicanos y cuatro demócratas había iniciado la elaboración de una versión de reforma inmigratoria y la tuvo casi lista en Marzo. La versión era muy similar en líneas generales a la aprobada por el Senado, pero incluía requisitos más exigentes para la naturalización de las personas sin documentos. Pero, por desacuerdos puntuales el grupo de ocho comenzó a desintegrarse.

El congresista por Idaho Raúl Labrador fue el primer republicano en abandonar el grupo. Poco después dos republicanos más se alejaron del grupo dejando a Mario Díaz-Balart como el único copartidario que permanece en el grupo negociador. Los integrantes demócratas son, además de Lofgren y Gutiérrez, John Yarmuth y Xavier Becerra.

Evidentemente hay cohesión de ideas a fin de llevar a cabo la Reforma Inmigratoria ya…... Se necesita una comunión más sincera y realista de parte de los políticos, Demócratas y Republicanos, pensando en el bienestar de la población Americana, más allá de propios intereses.

A criterio de los políticos parecería ser que "no existen fechas límites" para la reforma migratoria, como sí existieron para la financiación del Gobierno federal, el aumento del techo de la deuda o la ley agrícola.

Noviembre 2013

El republicano John Boehner, presidente de la cámara baja del Congreso de Estados Unidos, negó el miércoles 13 de Noviembre que exista alguna posibilidad de congeniar con el proyecto de reforma migratoria aprobado por el Senado, descartando la aprobación de una ley este año.

Boehner reiteró que su partido, que controla la Cámara de Representantes, trata el tema migratorio "paso a paso" y en proyectos separados, a diferencia del extenso texto aprobado por el Senado en junio. Las declaraciones de Boehner, que siguen a afirmaciones similares de líderes republicanos, parecen enterrar la aprobación de una nueva ley migratoria en 2013, a solo 15 días del fin del periodo legislativo de este año.

El texto que aprobó el Senado, el plan **S.744,** contempla una vía, bajo estrictas condiciones y al cabo de un plazo mínimo de 13 años, para que 11 millones de inmigrantes sin papeles, pero sin antecedentes criminales, puedan obtener la ciudadanía; pero los republicanos la califican como una amnistía a personas que violaron la ley.

En cambio, los republicanos de la Cámara han introducido pequeñas reformas por separado, sobre seguridad fronteriza o visas, pero ninguna ha abordado aún la situación de los inmigrantes indocumentados.

Ante una creciente frustración con un Congreso "disfuncional", el presidente de Estados Unidos, Barack Obama, ha recurrido en los últimos dos años a circunvalar al poder legislativo, como lo hizo en el 2012 (a favor de los "dreamers") y en enero del 2013 (para implementar leyes más estrictas de control de armas).

"Donde ellos no van a actuar, yo lo haré", dijo el Presidente Barack Obama en octubre del 2011 como parte de una campaña "No Podemos Esperar" que lanzó 10 meses después de que los republicanos tomaron el control de la Cámara de Representantes.

Desde entonces, el presidente ha tenido que recurrir a las órdenes ejecutivas, directivas políticas, exenciones, declaraciones firmadas y otras medidas administrativas para eludir al Congreso y actuar sobre temas polémicos, como la salud, inmigración, la seguridad social, la reforma educativa y la violencia por las armas de fuego.

Dos días después, como en respuesta a las afirmaciones de Boehner, Obama dictó el Viernes 15 de Noviembre una orden ejecutiva que favorece a los cónyuges, padres o hijos de personas enlistadas o que anteriormente sirvieron en las fuerzas armadas del país; todos podrán contar con permisos de estadía por un año, renovable, y otros beneficios migratorios.

La nueva medida administrativa, al mismo tiempo, eliminaría del récord el estatus de "ilegal" que impide que muchos indocumentados obtengan su tarjeta de residencia aún cuando estén casados con ciudadano Americano.

Diciembre 2013

La Cámara de Representantes de Estados Unidos, tras el receso por el Día de Acción de Gracias, comenzó este lunes 2 las últimas dos semanas de sesiones del 2013 y todo indica que no se debatirá sobre la reforma migratoria. Las sesiones de este año concluyen el día 13 de diciembre.

Hasta ahora el Comité Judicial de la Cámara ha aprobado cinco enmiendas de seguridad y en la agenda del pleno para lo que resta de 2013 no figura la reforma migratoria.

El congresista Mario Díaz-Balart (republicano por Florida), dijo a los medios de prensa que no había voluntad política ni tiempo para avanzar el proyecto en lo que restaba de 2013. Además advirtió que si no se lograba entre enero y febrero de 2014 la reforma migratoria volvería a morir en el intento.

Terminamos el año 2013 con una serie de promesas y movimientos políticos a los cuales nos tienen acostumbrados los que manejan el destino del ciudadano. Parece ser que, incluso poniendo en riesgo el funcionamiento del gobierno, las discrepancias políticas son más grandes que las posibilidades de llegar a un acuerdo que, sabemos, sería favorable a la estabilidad de la nación: una Reforma Inmigratoria Humanizada.

. . . .

P.D.

>>>

   Ante esta situación surgió la idea de elaborar un libro que sirva de fuente de información y orientación. Se tomaron referencias válidas con narración de casos y hechos reales, de fuentes tanto periodísticas como por internet, consideradas de libre acceso; con el fin primordial de complementar el apoyo y orientación hacia aquel inmigrante indeciso que lo necesite.

Nuestro primordial objetivo es hacer llegar al inmigrante la información lo más actualizada posible. La imperiosa necesidad del inmigrante de buscar su estabilidad económica y social, para lo cual emplea el máximo de su tiempo, va de la mano con la desorientación que sufre. Son circunstancias que lo hacen desconocer o ignorar los medios que le permitirían, al toque de una tecla, tener acceso a una adecuada información. Nos dimos el tiempo suficiente a fin de hacerle llegar lo que necesita a través de este proyecto.

➢ El presente libro está dirigido al inmigrante que ya se encuentra en los Estados Unidos (cualquiera sea su situación inmigratoria) y al que pretende convertirse en tal, deseando migrar a este grandioso país.

➢ No podemos dejar de reiterar el carácter netamente informativo y de orientación de los textos del presente libro; dirigido al inmigrante en particular y al público en general.

➢ La información contenida en las páginas del libro deben de ser reactualizadas en su momento por el interesado, antes de tomarla como activa.

➢ Es imprescindible y altamente recomendado acudir a la consulta de un abogado especializado en leyes de inmigración. Cada caso se toma como uno específico para cada persona.

EPÍLOGO

¿QUE SE ESPERA EN UN FUTURO PRÓXIMO?

==================================

El período de sesiones del Congreso, inaugurado en enero del año 2013, finaliza en enero de 2015. Existe la esperanza que la iniciativa de ley aprobada por el Senado en junio tendrá vigencia todo el año 2014.

Lamentablemente, dejando de lado la posibilidad del debate migratorio y la solución al problema de los 11 millones de indocumentados que viven en Estados Unidos, los políticos ya planifican su lucha política para las elecciones de medio tiempo de 2014.

Pero para los inmigrantes indocumentados la incertidumbre migratoria se ha convertido en frustración, desesperación y temor, tal y cual lo demuestran hechos que se vienen sucediendo día a día.

1. Desde el comienzo del primer período de la actual administración, el 20 de enero de 2009, el Departamento de Seguridad Nacional (DHS) ha roto cuatro récords sucesivos que suman más de 1.6 millones de deportados, un promedio de 1,200 diario.

2. Por miles se cuentan los inmigrantes que mensualmente están optando por "**auto deportarse**", al no poder tolerar más la espera de una ansiada reforma inmigratoria y estar pasando muchas dificultades económicas, al no conseguir trabajo debido a las regulaciones legales más estrictas que presionan al empleador.

3. En diciembre 3 del 2013, Erika una joven dreamer y activista dijo que renuncia de la oficina del Congreso donde labora como directora de difusión para la congresista de Arizona Kyrsten Sinema. Erika es beneficiaria de la orden ejecutiva del Presidente Obama del 2012 conocida como acción diferida, por ser un inmigrante indocumentado elegible. Ella prefiere dejar de lado su puesto logrado por mérito propio para poner toda su energía en impedir la deportación de su madre y hermano que fueron detenidos por ICE en enero 2013.

4. Diciembre lunes 2, 2013: el temor de ser deportado junto con serios problemas financieros, podrían haber llevado a un hombre de Weston, Florida, a asesinar con una ballesta a su esposa y a su hijo adolescente, para después conducir a Tallahassee e intentar matar a su hijo mayor, un "dreamer", quien estudia en la Universidad Estatal de Florida (FSU). Cuando se encontró con él, poco después de las 7 a.m. del martes, le disparó con la ballesta, pero sólo lo hirió en una oreja. En la madrugada del miércoles, las autoridades hallaron muerto al asesino en un motel de Lake City, en el norte de la Florida. Según la policía, aparentemente se cortó la garganta con un cuchillo.

Business International Corp., la empresa familiar constituida en el 2004, había solicitado en el 2010 un visado para la esposa en su capacidad como gerente de una compañía multinacional. Era un negocio de importación y exportación, que enviaba sobre todo equipos para la policía y la seguridad a países latinoamericanos. Tal tipo de exportaciones no incluía armas.

Una comunicación enviada a la familia por USCIS el 31 de mayo del 2013: "Esta decisión la deja sin un estatus migratorio legal y, por lo tanto, usted está presente en Estados Unidos en violación de la ley. Se le exige que salga de Estados Unidos. Permanecer en Estados Unidos sin autorización puede resultar en el inicio de procedimientos de remoción (del país) contra usted y podría afectar su capacidad de regresar a Estados Unidos en el futuro",
La decisión afectaba a toda la familia, ya que todos los visados dependían de que la solicitud de la esposa fuera aprobada.

Nelson Mandela, ícono mundial de libertad y democracia fallecido el 5 de diciembre del 2013, dijo en prisión:

"Un hombre que le priva a otro de su libertad es un prisionero del odio, está encerrado tras los barrotes del prejuicio y de la estrechez de miras".

Mandela le diría a los inmigrantes indocumentados:
"...el hombre valiente no es aquel que no siente temor, sino el que conquista ese miedo".

Lo Último

Llegamos a mediados del mes de Marzo del 2014 y aún los que consideramos que la esperanza es lo único que no se pierde, nos encontramos muy decepcionados porque los políticos no se deciden a entrar en acción a fin de resolver el grave problema inmigratorio que afronta los Estados Unidos.

El Presidente Barack Obama se encuentra atado de manos a pesar de estar a favor de una reforma inmigratoria inmediata. El Senado aprobó en Junio del 2013 un proyecto de reforma de inmigración bipartidista. Mientras tanto en la cámara de representantes tanto a los demócratas y a muchos republicanos le gustaría ver una reforma migratoria.

Sin embargo, muchos miembros del partido republicano encabezados por John Boehner, líder de la mayoría en la casa de representantes, permanecen vehementemente en contra de cualquier tipo de programa de legalización para los indocumentados. Así, a fines de febrero, Boehner anunció que la reforma migratoria era un asunto muerto en el 2014; se suman a él los miembros del "tea party" declarando que los republicanos no confían en que el Presidente Barack Obama pueda ser capaz de aplicar cualquier ley de inmigración que se logre.

Ante estas perspectivas y en un intento por salvar la reforma migratoria, el senador demócrata por Nueva York, Schumer, patrocinador del proyecto de reforma de inmigración del Senado, propuso que el Congreso podría aprobar un proyecto de ley ahora, pero que sea efectivo en 2017, cuando el Presidente Obama deje la Casa Blanca. Su propuesta no cuenta con mayoría en la casa de representantes si no se logra captar a un considerable grupo de republicanos.

Además, parece ser que los miembros del partido republicano están más preocupados en cómo hacer frente al "tea party", que son poderosos rivales en las primarias esta primavera, que en arreglar el colapsado sistema de inmigración.

....

===

El Águila Americana

Esto sucede en los Estados Unidos, líder mundial de la libertad y la democracia, donde tratan de existir 11 millones de personas que carecen de ciertos derechos fundamentales. No gozan de LIBERTAD, pues se encuentran presos sin barrotes; no gozan de DEMOCRACIA, pues por carencia de "papeles" no pueden ejercerla.

Millones de inmigrantes indocumentados (aún restando los 1.6 millones que vienen siendo deportados) se encuentran viviendo la "PESADILLA AMERICANA", por años de permanencia aquí; otros millones han alcanzado el "SUEÑO AMERICANO"; y, la gran mayoría de los más de 300 millones de personas que habitamos en los Estados Unidos tenemos la esperanza de que aquellos, algún día, puedan gozar del "REPOSO DEL ÁGUILA".

El **águila**, símbolo Americano, adopta **bajo vuelo**, porque es más seguro y es menos detectable; **van de un a otro soporte** donde posarse, para planificar su avance; pueden **esquivar mejor los obstáculos y entrar por las espacios estrechos**, en búsqueda del sustento y **anidan en las alturas** por seguridad y protección para los suyos.

Cumplida su misión el **águila reposa**.

===

ÍNDICE

A

B

C

D

E

F

G

H

I